NC 新航道 NEW CHANNEL

MW01708154

贾荣荣◎编著

雅思核心词汇21天速听速记

听力篇

21个听力场景、3个7天学习规划
1403个核心词条、同义+拓展系统扩充
全面覆盖雅思听力生活、学术词汇

7日复7日，让听力词汇在你耳间进，笔尖出，雅思7分触手可及

CTPC 中国出版集团
中国对外翻译出版公司

图书在版编目（CIP）数据

雅思核心词汇21天速听速记．听力篇 / 贾荣荣编著
– 北京：中国对外翻译出版有限公司，2011. 5
ISBN 978-7-5001-3003-1

Ⅰ. ①雅… Ⅱ. ①贾… Ⅲ. ① IELTS – 听说教学 – 自学参考资料 Ⅳ. ① H319.9

中国版本图书馆 CIP 数据核字（2011）第 101158 号

出版发行 / 中国对外翻译出版有限公司
地　　址 / 北京市西城区车公庄大街甲 4 号物华大厦六层
电　　话 /（010）68338545　68353673　68359101
邮　　编 / 100044
传　　真 /（010）68357870
电子邮箱 / book@ctpc.com.cn
网　　址 / http：//www.ctpc.com.cn

策划编辑 / 吴良柱　顾　强
责任编辑 / 吴良柱　郝伟凡

印　　刷 / 北京合众伟业印刷有限公司
经　　销 / 新华书店

规　　格 / 880 × 1230 毫米　1/32
印　　张 / 7.5
字　　数 / 185 千字
版　　次 / 2011 年 6 月第 1 版
印　　次 / 2014 年 6 月第 4 次印刷

ISBN 978-7-5001-3003-1　　　定价：20.00 元

前言

雅思听力本是拿分项，本是涨分最快项，本是提升雅思总分的一项。然而，却有很多考生无法取得满意的成绩，总是被听力所困扰——或是因为听不懂词汇，或是听懂了却写不出来，或是反应不过来……问题林林总总，但归根到底就是没有做好单词的基本功。本书正是针对这一问题而设计编排，通过 21 天的学习计划，帮助考生熟练掌握听力核心词汇，系统扩充词汇量，增进对雅思听力话题的了解，培养科学的记忆习惯，将雅思听力成绩提升到 6.5–7.5 分。

本书收录的雅思听力核心词汇约 1400 个，同义词和扩展词约 1000 个，生活类和学术类两大场景下涵盖 21 个小场景，每个小场景细分 2–5 个话题。与常规词汇书不同的是，本书还涉及雅思听力经典场景的讲解、每日配套的听写练习、对听力技巧和答题细节的解答、每 2–4 天的 Review 环节以及与话题相关的温馨小贴士。

本书主要有以下几个特点：

第一，以天数为单位，严格规定了每天背诵的单词量，纠正考生没有系统性、没有规律性的不良学习习惯。考生充分利用 21 天的时间，既可完成 21 个小场景的学习，又可培养持续、渐进的学习习惯。

第二，为了改变考生默默背单词的习惯，本书里的每个核心词汇及比较难的同义词、扩展词都配有音标，建议考生边读边写边背。单词的含义是次要的，考生应把发音和拼写放在首位，这是由雅思听力考试的特性决定的。另外，每天配套的听写练习尤为重要，一般来说，考生只有在听写环节达到 90% 以上的准确率才算是很好地完成了当天单词的记忆。

第三，除了列出核心词汇的音标、词性和中文意思，本书还列出与核心词汇相关的同义词和拓展词，帮助考生短时间内系统掌握这些有关联的词汇。

第四，为了扭转考生记了忘、忘了记这一恶性循环导致的越来越厌恶背单词的状态，书中每 2–4 天都有一个 Review。单词遗忘不要紧，考生可以通过 Review 再复习一遍。只有多重复才能将短时记忆转化为长期记忆。Review 中听力训练的第一部分是对前几天背过的单词进行检测；第二部分考查考生听文章段落并瞬时写单词的能力；第三部分则是听写句子。三个部分的难度依次递增，考生可循序渐进、逐步提高。

第五，为了增加背单词的趣味性和科学性，本书每单元都设置了小贴士以及师生交流时间，由荣荣老师对如何科学记忆作相关讲解。希望考生不仅能在雅思听力单词的背诵上，在其他科目的学习上也能遵循记忆规律，提高学习效率。

真心希望广大考生在这 21 天的时间里能够脚踏实地、坚持不懈地做足词汇的基本功，只有这样，雅思听力达到 6 分以上才不再是遥不可及的梦！

编 者

2011 年 6 月

目录 contents

第一部分　生活类场景核心词汇

第二部分　学术类场景核心词汇

第一部分

生活类场景核心词汇

Day 1
租房维修

重要程度	★★★★★
出现频率	★★★★☆
坐落位置	Section 1　Section 2
常规题型	个人信息题　表格题　填空题
真题回顾	2010年5月29日、6月26日等考试的第一部分均出现了租房维修的场景对话，可谓超高频场景。

场景介绍

租房场景是雅思听力中的经典场景。这部分题目往往考查某个学生的住宿登记情况(*Accommodation Form*)的场景运用。其中的考点包括：姓名、日期、地址的写法，住宿类型，其他要求等等，难度并不大，但是失分现象时有发生，令不少考生痛心。这主要是由于这一部分几乎都是填空题，对于单词的要求很高，但考生往往偏重于对于答案内容的把握，而忽视对于格式的要求所造成的。

此外，今年考试的一个很明显的特点是租房场景从内容上有所延伸。除了传统的租房问询以外，也会出现搬家、给家具上保险等场景，以下的相关词汇很大概率会成为我们需要填写的答案哦。

住宅类型

accommodation [əˌkɒməˈdeɪʃən] *n.* 住宿，食宿

同 dormitory [ˈdɔːmɪtərɪ] *n.* 集体宿舍

apartment [əˈpɑːtmənt] *n.*【美】公寓

展 studio apartment [ˈstjuːdɪəʊ][əˈpɑːtmənt] 单间公寓

同 flat [flæt] *n.*【英】公寓

展 high-rise flat 高层公寓

house [haʊs] *n.* 住宅

展 town house 市内住宅，城内住宅；联排别墅

展 detached house 独立式住宅

roommate [ˈruːmmeɪt] *n.* 室友

homestay [ˈhəʊmsteɪ] *n.* 在当地居民家居住的时期

小贴士

在学校读书的留学生们，如果想自己租房需要提前至少 1 个月（at least one month in advance）向校方申请。

mansion [ˈmænʃən] *n.* 大厦，宅第

cottage [ˈkɒtɪdʒ] *n.* 村舍；小别墅

同 shanty [ˈʃæntɪ] *n.* 简陋小屋，棚屋

同 hut [hʌt] *n.* 小屋，棚屋

房间划分

hall [hɔːl] *n.* 大厅
- 展 entrance hall 入口
- 展 main hall 大厅

lobby ['lɒbɪ] *n.* 大厅；休息室
- 同 lounge [laʊndʒ] *n.* 休息室；长沙发

corridor ['kɒrɪdɔː] *n.* 走廊
- 同 porch [pɔːtʃ] *n.* 门廊，走廊
- 同 aisle [aɪl] *n.* 走廊，过道
- 同 hallway ['hɔːlweɪ] *n.* 通道

room [ruːm] *n.* 屋子
- 展 living room 起居室，客厅
- 展 dining room 饭厅
- 展 single room 单人间
- 展 twin room 2 个单人床的双人间
- 展 double room 1 个双人床的双人间
- 展 shared room 共享房间
- 展 laundry room 洗衣房

bedsit ['bedsɪt] *n.* 卧室兼起居室

bedroom ['bedrʊm] *n.* 卧室

bathroom ['bɑːθruːm] *n.* 浴室

schoolroom ['skuːlruːm] *n.* 书房
- 同 sanctum ['sæŋktəm] *n.* 书房；私室，密所
- 同 study ['stʌdɪ] *n.* 书房

boardroom ['bɔːdruːm] *n.* 会议室

storehouse ['stɔːhaʊs] *n.* 储藏室
- 同 storage ['stɒrɪdʒ] *n.* 贮藏库，储存

同 warehouse ['weəhaʊs] *n.* 仓库

- **basement** ['beɪsmənt] *n.* 地下室
- **balcony** ['bælkənɪ] *n.* 阳台
- **garage** ['gærɑː(d)ʒ] *n.* 车库
- **fire-escape** ['faɪəˌɪ'skeɪp] *n.* 安全出口

同 fire exits 安全出口

小贴士

关于楼层，英式英语和美式英语表述有所不同，英式中1层楼为 ground floor，2层楼为 1st floor；美式中1层为 1st floor，2层为 2nd floor.

周边环境

- **locate** [ləʊ'keɪt] *v.* 坐落于

同 situate ['sɪtjʊeɪt] *v.* 位于，坐落于

- **surroundings** [sə'raʊndɪŋs] *n.* 环境

同 environment [ɪn'vaɪərənmənt] *n.* 环境，外界

- **layout** ['leɪˌaʊt] *n.* 布局
- **urban** ['ɜːbən] *adj.* 市内的，城市的

同 downtown ['daʊntaʊn] *adj./adv.* 市区的；在市区

- **rural** ['rʊər(ə)l] *adj.* 乡下的；田园的

同 outskirt ['aʊtskɜːt] *n.* 郊区

同 suburb ['sʌbɜːb] *n.* 市郊，郊区

同 uptown ['ʌptaʊn] *adj./adv.* 远离闹市的，乡下的；远离闹市区

- **fence** [fens] *n.* 篱笆

- **lawn** [lɔːn] *n.* 草坪
  展 mow the lawn 修草坪
- **sea** [siː] *n.* 海洋
  展 sea view 海景
- **notice** ['nəutɪs] *n.* 布告，通知
  展 pets are not allowed 禁止养宠物
  展 no privacy 无私人空间
  展 utility area 生活区

小贴士

某建筑物若以人名冠名，通常表示该建筑由此人出资兴建，或原为此人住宅后捐出或改造。

室内设施

- **furnish** ['fɜːnɪʃ] *v.* 提供；装备，布置
- **facility** [fə'sɪlɪtɪ] *n.* 设施
- **decorate** ['dekəreɪt] *v.* 装修
  同 ornament ['ɔːnəmənt] *n./v.* 装饰物；装饰
- **ceiling** ['siːlɪŋ] *n.* 天花板
- **sofa** ['səufə] *n.* 沙发
  同 couch [kautʃ] *n./v.* 睡椅，沙发；表达
- **carpet** ['kɑːpɪt] *n.* 毯子，地毯
  同 rug [rʌg] *n.* 小地毯，垫子
  同 footcloth ['futklɒθ] *n.* 地毯

同 blanket ['blæŋkɪt] *n./v.* 毯子；覆盖

- **cushion** ['kʊʃən] *n./v.* 垫子，软垫；加衬垫
- **curtain** ['kɜːtən] *n./v.* 窗帘；装上门帘
- **cabinet** ['kæbɪnɪt] *n.* 橱柜
- **closet** ['klɒzɪt] *n.* 衣柜；储藏室
- **bookshelf** ['bʊkʃelf] *n.* 书架

  同 bookcase ['bʊkkeɪs] *n.* 书架，书柜
- **bed** [bed] *n.* 床

  展 bed linen 床上织品
- **mattress** ['mætrɪs] *n.* 床垫
- **sheet** [ʃiːt] *n.* 床单，被褥
- **pillow** ['pɪləʊ] *n.* 枕头
- **tub** [tʌb] *n.* 浴缸
- **cooker** ['kʊkə] *n.* 厨具，炊具

  展 gas cooker 煤气灶，煤气炉

小贴士

cooker 不表示厨师，厨师的英文表达是 cook。

- **wash** ['wɒʃ] *v.* 清洗

  展 washing machine 洗衣机
- **oven** ['ʌvən] *n.* 烤箱，烤炉

  展 microwave oven 微波炉
- **stove** [stəʊv] *n.* 火炉
- **refrigerator** [rɪ'frɪdʒəreɪtə] *n.* 冰箱

小贴士

简写 fridge，注意中间有字母 d，而全拼 refrigerator 则没有。

- **utensil** [jʊ(:)'tensl] *n.* 器皿，家用器具
- **stereo** ['stɪərɪəʊ] *n.* 立体声
  展 stereo system 音响系统
- **laptop** ['læptɒp] *n.* 笔记本电脑
- **desktop** ['desktɒp] *n.* 台式电脑
- **switch** [swɪtʃ] *n./v.* 开关；转换
- **clean** [kli:n] *adj.* 干净的，整洁的
  展 vacuum cleaner 真空吸尘器
- **heater** ['hi:tə] *n.* 加热器
  同 radiator ['reɪdɪeɪtə] *n.* 电暖炉
- **mop** [mɒp] *n.* 拖把
- **broom** [bru:m] *n./v.* 扫帚；扫除
- **dustbin** ['dʌstbɪn] *n.* 垃圾桶
  同 ashbin ['æʃbɪn] *n.* 垃圾箱
  同 trash can【美】垃圾桶

租房账单

- **landlord** ['lændlɔ:d] *n.* 房东
  同 landlady ['lændleɪdɪ] *n.* 女房东
  同 householder ['haʊs,həʊldə(r)] *n.* 住户，户主

同 homeowner ['həʊmˌəʊnə(r)] *n.* 私房屋主

- **tenant** ['tenənt] *n./v.* 房客，承租人；出租
  同 roomer ['ru:mə] *n.*【美】房客；寄宿者

☆ **rent** ['rent] *n./v.* 租金；租借
  展 maximum/minimum rent 最高 / 低租金

- **payment** ['peɪmənt] *n.* 付款，支付

☆ **deposit** [dɪ'pɒzɪt] *n./v.* 押金；存放

小贴士

房屋租金 (rent) 分为周付 (weekly)、月付 (monthly)、季付 (quarterly)。

- **salary** ['sælərɪ] *n./v.* 薪水；给……加薪
  同 commission [kə'mɪʃən] *n./v.* 佣金；任命
  同 wage [weɪdʒ] *n./v.* 薪水，周薪；给……加薪

- **reasonable** ['ri:znəbl] *adj.* 合理的

☆ **lease** [li:s] *n./v.* 契约，租约；出租
  同 contract ['kɒntrækt] *n./v.* 合同；签订契约

☆ **bill** [bɪl] *n.* 账单；钞票
  展 electric bill 电费
  展 gas bill 煤气费
  展 phone bill 电话费
  展 water bill 水费
  展 laundry fee 洗衣费

师生交流

考生 A：荣荣老师，以上词汇看起来都不难，像高中词汇一样，我基本都认识，还需要做以下的听写练习么？

老师： 单词分为音、形、义三个部分。音指这个单词的音标或发音；形指拼写；义就是意思。我们通过以下表格可以清晰看出听说读写四项在单词方面的要求：

	音	形	义
听	√	√	√
说	√	×	√
读	×	×	√
写	×	√	√

由此可见，尽管雅思阅读有 8000 单词，但只要求认知，是四项当中对单词要求最小的一项。而听力词汇常见的有 3000 左右，但考试中 80% 的听力是填空和表格题，且录音只放一遍，要做到即听即写、瞬时反应、正确拼写，对于词汇的要求高、精、准。所以听写的训练非常必要，是基础也是关键，更是这本书的特点所在。本书不但为考生总结了极有可能成为答案的词汇，还有听写训练及复习来帮助我们加强记忆。请同学们准备好笔和纸，我们通过听写练习看看能否瞬间反应，正确拼写吧！

听写时间

Dictation words（请同学们自备笔纸）

Group 1：

Group 2：

Group 3：

Group 4：

Group 5：

Hope is a good thing and maybe the best of things. And no good thing ever dies. 希望是一个好东西，也许是最好的，好东西是不会消亡的。

Day 2 旅游度假

重要程度	★★★★★
出现频率	★★★★☆
坐落位置	Section 1　Section 2
常规题型	个人信息题　地图题　表格题　填空题　选择题
真题回顾	旅游场景在 Section 1 和 Section 2 都会有所涉及，如 2011 年 1 月 8 日 Section 2 女导游介绍一个电视塔；1 月 22 日野营旅游场地对比等。

场景介绍

旅游总会涉及到一些景点。如果是冷门景点，那么雅思的俗套是直接把景点名称列出，这是送分题哦。但如果是热门景点，如：伦敦的 *Tower of London, Thames River*、澳大利亚的 *Sydney Opera House, Great Barrier Reef*，这些都是国家的一张张标志性面孔，我们要做到正确拼写。其次，交通工具也是旅游场景中的考点。此外机票、住宿等需要提前预订，所以能够表示预订的单词一定记牢！

旅游场景如果出现在第一部分会涉及到旅游路线、项目或者旅游中的注意事项等信息的问询；对话双方可能是旅客与景点工作人员。若出现在第二部分，典型形式则是导游介绍景点情况、活动注意事项，或者旅行社工作人员介绍旅游项目。考察的形式主要是填空题、单项选择题以及表格题。

旅游与景点

tour [tʊə] *n./v.* 旅行；游历，漫游

同 trip [trɪp] *n./v.* 旅行；摔倒

同 journey ['dʒɜːnɪ] *n./v.* 旅游；旅行

同 voyage ['vɔɪɪdʒ] *n./v.* 航海，航空；航行

展 self-service tour 自助游

展 package tour 团队游

同 travel ['trævl] *n./v.* 旅行；传播

展 travel agency 旅行社

- **excursion** [ɪks'kɜːʃən] *n.* 远足，短途旅行
- **expedition** [ˌekspɪ'dɪʃən] *n.* 远征，探险
- **tourist** ['tʊərɪst] *n.* 旅行者

展 booming tourist industry 迅速发展的旅游业

小贴士

以 -ist 结尾的单词多表示人，如：

art — artist 艺术家

journal — journalist 记者

solo — soloist 独唱者

type — typist 打字员

reception — receptionist 接待员

style — stylist 造型师

- **tourism** ['tʊərɪz(ə)m] *n.* 旅游业

同 tourist industry 旅游产业

小贴士

-ism 后缀表示"论、说、主义"，如：
terrorism 恐怖主义
humanism 人道主义
capitalism 资本主义
communism 共产主义

- **ecotourism** [ˌiːkəʊˈtʊərɪzəm] *n.* 生态旅游
  *注：eco- 前缀表示"环境/生态/生态学的"，如：ecosystem, ecology。
- **guide** [gaɪd] *n./v.* 导游者，向导；带路
  展 guided tour 指导游，有向导的旅游
  展 package tour 跟团旅游
- **package** [ˈpækɪdʒ] *n./v./adj.* 包裹；打包；一揽子的
  展 package economic plan 一揽子经济计划

小贴士

喜欢欧洲自助游的朋友们可以登录欧洲铁路公司中国官网 http://www.europerail.cn/，在国内可进行欧洲多国、单国火车通票的预订。

- **landscape** [ˈlændskeɪp] *n./v.* 风景，景色；美化
  同 scenery [ˈsiːnərɪ] *n.* 风景，景色
- **resort** [rɪˈzɔːt] *n./v.* 旅行胜地；常去
  同 historic interest 历史名迹
  同 tourist attraction 游览胜地
- **destination** [ˌdestɪˈneɪʃən] *n.* 目的地

● **indigenous** [ɪn'dɪdʒɪnəs] *adj.* 本土的

同 domestic [də'mestɪk] *adj.* 国内的

☆ **local** ['ləʊkəl] *adj./n.* 当地的；当地居民

同 resident ['rezɪdənt] *adj./n.* 常住的；当地居民

展 local tradition 当地文化

● **conserve** [kən'sɜːv] *v.* 保护，保存

同 preserve [prɪ'zɜːv] *v./n.* 保护；禁区

● **wetland** ['wetlənd] *n.* 湿地，沼泽地

同 marshland ['mɑːʃlənd] *n.* 沼泽地

☆ **museum** [mjʊ(ː)'zɪəm] *n.* 博物馆

☆ **gallery** ['gælərɪ] *n.* 画廊

☆ **castle** ['kɑːsl] *n.* 城堡

☆ **temple** ['templ] *n.* 庙，寺

● **cathedral** [kə'θiːdrəl] *n.* 大教堂

☆ **church** [tʃɜːtʃ] *n.* 教堂

☆ **souvenir** ['suːvənɪə] *n.* 纪念品

小贴士

旅游景点名称或旅游国家、城市等地名的每一个单词的首字母均大写，如：

The Summer Palace 颐和园

Great Barrier Reef 大堡礁

Sydney Opera House 悉尼歌剧院

Tower of London 伦敦塔

National Portrait Gallery 国家肖像馆

交通及装备

☆ **reserve** [rɪ'zɜːv] *n./v.* 预订；预约

同 book [bʊk] *n./v.* 书籍；预订，登记

● **flight** [flaɪt] *n.* 航班

展 flight number 航班号

展 boarding pass 登机牌

展 first class 头等舱

展 economy class 经济舱

展 vacant seat 空座

> **小贴士**
>
> 数字和字母同时出现时（如航班号、护照、登机牌等），字母需大写，如：EA209。

● **takeoff** ['teɪˌkɔːf] *n.* 起飞

● **land** [lænd] *n./v.* 陆地；降落，登陆，靠岸

● **lounge** [laʊndʒ] *n.* 休息室

展 departure lounge 候机室

● **passport** ['pɑːspɔːt] *n.* 护照

展 passport-size photograph 护照规格的照片

● **visa** ['viːzə] *n.* 签证

展 visa extension 签证延期

● **expire** [ɪks'paɪə, eks-] *v.*（驾照／签证）等到期

☆ **license** ['laɪsəns] *n./v.* 执照，许可证；许可

* 注：此单词和lesson ['lesn] 发音相近，请同学们根据场景合理判断。

☆ **charge** [tʃɑːdʒ] *n./v.* 费用；收费

展 extra charge 额外费用

- **lifeboat** ['laɪfbəʊt] *n.* 救生船

展 life buoy 救生圈

展 life jacket 救生衣

- **seasick** ['siːsɪk] *adj.* 晕船的

- **lodge** [lɒdʒ] *n./v.* 旅舍，小木屋；临时住宿

同 cabin ['kæbɪn] *n.* 小屋；船舱

同 cottage ['kɒtɪdʒ] *n.* 村舍，小别墅

同 inn [ɪn] *n./v.* 旅馆，客栈；住旅馆

小贴士

对于背包自助游的爱好者来说，国际青年旅舍是经济住宿的首选。国际青年旅舍（INTERNATIONAL YOUTH HOSTEL FEDERATION，简称 IYHF）成立于 1932 年，总部设立在英国，是联合国教科文组织成员，为非牟利机构。网站：www.IYHF.org.

☆ **brochure** [brəʊ'ʃə] *n.* 小册子

展 route book 路线薄

- **backpack** ['bækpæk] *n./v.* 背包；挑运

同 luggage ['lʌgɪdʒ] *n.* 行李

- **beach** [biːtʃ] *n.* 沙滩

展 beach towel 沙滩浴巾

- **sunglasses** ['sʌn,glɑːsɪz] *n.* 太阳镜
- **tent** [tent] *n.* 帐篷
- **compass** ['kʌmpəs] *n.* 指南针
- **torch** [tɔːtʃ] *n./v.* 手电筒，火炬；用火炬点燃
- **trousers** ['traʊzəz] *n.* 长裤
- **pants** [pænts] *n.* 短裤

同 scantiest ['skæntɪzt] *n.* 短裤

- **boot** [bu:t] *n.* 靴子
  展 hiking boot 步行靴
  展 walking boot 步行靴

- **ill-equipped** ['i:lɪ'kwɪpt] *adj.* 装备差的

度假活动

☆ **cycling** ['saɪklɪŋ] *n.* 骑车兜风

- **go** [gəʊ] *v.* 去，走
  展 go to the beach/coast 去海边
  展 go camping 去野营
  展 go hiking 徒步旅行
  展 go surfing 去冲浪
  展 go diving 去潜水

☆ **waterfalls** ['wɔ:təfɔ:ls] *n.* 瀑布

- **spring** [sprɪŋ] *n.* 泉水
  展 hot spring 温泉

- **brook** [brʊk] *n.* 小溪
  同 creek [kri:k] *n.* 小溪，小河
  同 stream [stri:m] *n./v.* 溪，川；流注

☆ **picnic** ['pɪknɪk] *n.* 野餐
  展 take a picnic 野餐

- **scene** [si:n] *n.* 景色
  展 splendid scenery 壮丽景观
  展 widen horizons 扩展视野
  展 wonders of mankind 人类创造的奇迹
  展 marvelous spectacle 奇观

师生交流

考生 B: 老师，这些词看起来都太生活化了吧，像太阳镜、救生圈这样的词在考试中出现的频率会有多大呢？我以前背单词都是用一本厚厚的学术范儿的单词书。

老师： 在本书的第二部分会出现学术范儿的词，因为第一部分是生活类的场景和对话，所以理所当然就会是生活范儿的词咯，而且雅思各个部分听到的场景是固定下来的，所以无一例外。此外，千万别小看这些小词，尽管我们都认识，但由于音节短，留在你脑海的时间也短，所以就越有可能模糊，造成听不清的现象。这种情况就需要按照咱们的场景词汇来指导拼写，毕竟场景词汇大部分可都是雅思的答案啊。如果在小词模糊的情况下，就往场景上靠着写，就八九不离十了。比如旅游场景，看看故事的情节发展到哪里，讲的是住宿、还是携带物品等等，这样即使没有听清，单词只要“靠岸”去写，正确几率也会大很多。是的，有些内容可以“靠岸”去听，有些答案则直接根据场景“靠岸”写场景词汇就可以了。比如 Cambridge 7 中第 10 页的第一题，我们通过场景得知这道题与其他三个点的信息一致，需要填一种交通工具，那么从 airport 到 Milton, 哪种交通方式最贵呢？根据常识我们也能得知答案是 taxi，当然，录音原文中读到的是 Day 7 中的场景词汇 cab。

听写时间

Dictation words（请同学们自备笔纸）

Group 1：

Group 2：

Group 3：

Group 4：

Group 5：

Everything you see exists together in a delicate balance.

世界上所有的生命都在微妙的平衡中生存。

Day 3 休闲娱乐

重要程度	★★★★☆
出现频率	★★★★
坐落位置	Section 1　Section 2
常规题型	个人信息题　一般表格题　填空题　选择题
真题回顾	考试中经常出现娱乐场景，具体为节假日安排、娱乐场所活动等，而休闲场景加入运动健身俱乐部则更为重要，如2010年3月27日、5月29日都出现过，与剑六 Test 1 的原题相似度极高。

场景介绍

根据雅思考试的趋势，此场景中休闲健身话题出现频率较高。2010年的若干次考试都出现了 *Join in sports club* 的场景对话。其形式和难度与 *Cambridge 6 P10* 非常相似，甚至第3题的原答案 *yoga* 在2010年上半年考试中出现多次，值得引起考生注意。

另外提醒考生注意的是，除了剑桥系列上面的答案，听力试卷中的已知单词也需要我们留意。比如 *Cambridge 6 P11* 上的 *joining fee* 是作为表格的表头已知信息给出的，而在2010年3月27日考试中则作为答案需要考生填写。

运动健身

- **sport** [spɔːt] *n.* 体育
  - 展 sports center 体育中心
  - 展 sports facility 体育设施
  - 展 extreme sports 极限运动

☆ **stadium** ['steɪdɪəm] *n.* 体育场
  - 展 indoor stadium 室内体育馆
  - 展 football pitch 足球场
  - 展 sport field 运动场
  - 展 ground track field 田径场
  - 展 track-and-field 田径运动
  - 展 competitive sort 竞技性运动

- **court** [kɔːt] *n.* 球场
  - 展 squash court 壁球场
  - 展 tennis court 网球场

☆ **studio** ['stjuːdɪəʊ, 'stuː-] *n.* 工作室
  - 展 dance studio 舞蹈室
  - 展 keep-fit studio 健身房
  - 同 gymnasium 健身房

☆ **club** [klʌb] *n.* 俱乐部
  - 展 fitness club 健身俱乐部
  - 展 select club 选择会员严格的俱乐部

小贴士

在国外，私人健身教练的种类被划分得十分细致。如：高级私人体适能教练证书、瑜伽教练证书、跑步科学教练证书等等。目前大部分资格认证课程已在国内推广，机构包括：亚洲运动及体适能专业学院（AASFP）、澳洲体适能专业教练学院（ATP）、美国国家体适能协会（NSCA）等。

Cambridge 2 P11 出现过相关证书课程的听力场景。

- **membership** [ˈmembəʃɪp] *n.* 会员资格
  展 union card 会员卡
- **register** [ˈredʒɪstə] *n./v.* 注册；登记
- ☆ **reception** [rɪˈsepʃən] *n.* 接待处，接待
- **issue** [ˈɪʃjuː, ˈɪsjuː] *n./v.* 论点，问题；颁发，发行
  展 issue card 颁发卡片，签发卡片
- ☆ **fee** [fiː] *n.* 费用
  展 annual fee 年费
  展 joining fee 会费
- **discount** [ˈdɪskaʊnt] *n.* 折扣
- ☆ **cash** [kæʃ] *n./v.* 现金；兑现
- **card** [kɑːd] *n.* 卡
  展 credit card 信用卡
  展 debit card 借记卡
- ☆ **check/cheque** [tʃek] *n./v.* 支票；核对
- **ballet** [ˈbæleɪ, bæˈleɪ] *n.* 芭蕾
- **activity** [ækˈtɪvɪtɪ] *n.* 活动
  展 outdoor activity 户外运动
- **rowing** [ˈrəʊɪŋ] *n.* 划船
- **cycling** [ˈsaɪklɪŋ] *n.* 骑车
- **jogging** [ˈdʒɒgɪŋ] *n.* 慢跑
- **volleyball** [ˈvɒlɪbɔːl] *n.* 排球
- **baseball** [ˈbeɪsbɔːl] *n.* 垒球 / 棒球
- **basketball** [ˈbɑːskɪtbɔːl] *n.* 篮球
- **badminton** [ˈbædmɪntən] *n.* 羽毛球
- ☆ **judo** [ˈdʒuːdəʊ] *n.* 柔道
- ☆ **yoga** [ˈjəʊgə] *n.* 瑜伽
- ☆ **kick-boxing** [kɪkˈbɒksɪŋ] *n.* 拳击

- **referee** [ˌrefəˈriː] *n./v.* 裁判员，裁判；仲裁
  - 同 judge [dʒʌdʒ] *n./v.* 裁判员，法官；审理
- **coach** [kəutʃ] *n./v.* 教练；训练，指导
  - 同 drillmaster [ˈdrɪlˌmɑːstə(r)] *n.* 教练，训练员，教官
- **team** [tiːm] *n.* 团队
  - 展 team sports 团体项目
  - 展 national team 国家队
  - 展 home team 主队
  - 展 visiting team 客队
  - 展 seeded team 种子队
- **cheerleader** [ˈtʃɪəˌlɪdə] *n.* 啦啦队长
  - 展 cheering section 啦啦队
- **tie** [taɪ] *n./v.* 平局；与……成平局
- **outscore** [autˈskɔː] *v.* 比分领先

休闲娱乐

- ☆ **entertainment** [ˌentəˈteɪnmənt] *n.* 娱乐
  - 同 recreation [rekrɪˈeɪʃ(ə)n] *n.* 消遣，娱乐
- **time** [taɪm] *n.* 时间
  - 展 time-consuming [ˈtaɪmkənˌsjuːmɪŋ] *adj.* 花费时间的
  - 展 leisure time 业余时间，休闲时间
  - 同 free time 业余时间，休闲时间
  - 同 spare time 业余时间，休闲时间
- **relax** [rɪˈlæks] *v.* 放松
- ☆ **ground** [graund] *n.* 场地
  - 展 pleasure ground 游乐场
  - 同 amusement park 游乐园

小贴士

位于美国加州的迪士尼游乐园（Disneyland Park）为世界上的原创迪士尼乐园，10 岁以下儿童单日票价为 59 美元，10 岁以上则为 69 美元。

- **karaoke** [ˌkæriˈəukɪ] *n.* 卡拉 OK
- **show** [ʃəu] *n./v.* 演出；表演
  - 展 puppet show 木偶戏
- ☆ **string** [strɪŋ] *n.* 绳子
  - 同 rope [rəup] *n.* 绳子
  - 展 skipping rope 跳绳
  - 同 jumping rope 跳绳
- **swing** [swɪŋ] *n./v.* 秋千；摆动
- **kite** [kaɪt] *n.* 风筝
  - 展 flying kites 放风筝
- **chess** [tʃes] *n.* 国际象棋
- **billiards** [ˈbɪljədz] *n.* 台球
- **parachuting** [ˈpærəʃu:tɪŋ] *n.* 跳伞
- **skating** [ˈskeɪtɪŋ] *n.* 溜冰
- **racing** [ˈreɪsɪŋ] *n./v./adj.* 赛车；竞赛；比赛的
- **motor** [ˈməutə] *n.* 汽车，机动车
  - 同 motor vehicle 汽车
  - 同 automobile [ˈɔ:təməubi:l, ˌɔ:təməuˈbi:l] *n.* 汽车
  - 同 car [kɑ:] *n.* 汽车
- **show** [ʃəu] *n./v.* 表演；展览，展出
  - 展 reality TV show 真人秀
  - 展 talk show 脱口秀

展 soap opera 肥皂剧

- **episode** ['epɪsəʊd] *n.* 一段情节，插曲
- **sitcom** ['sɪtkɒm] *n.* 连续剧
  同 series ['sɪəri:z] *n.* 连续剧
- **movie** ['mu:vɪ] *n.* 电影
  展 watch films/movies 看电影
  展 great movie star 超级电影明星
  展 The 81st Oscar Annual Academy Award 第81届奥斯卡颁奖典礼
- **celebrity** [sɪ'lebrɪtɪ] *n.* 名人，名流
- **action** ['ækʃən] *n.* 动作片
- **adventure** [əd'ventʃə] *n./v.* 冒险经历；冒险
- **comedy** ['kɒmɪdɪ] *n.* 喜剧
- **suspense** [səs'pens] *n.* 悬疑片
- **musical** ['mju:zɪkəl] *n./adj.* 音乐剧；音乐的
- **romance** [rə'mæns, rəʊ-] *n.* 爱情片
- **western** ['westən] *n./adj.* 西部片；西方的
- **horror** ['hɒrə] *n.* 恐怖片
- **documentary** [ˌdɒkjʊ'mentərɪ] *n./adj.* 纪录片；文件的

小贴士

在新出炉的美剧排行榜上，播出10年并且影响力最大最成功的《老友记》、《24小时》、《X档案》都在前十名之列。《兄弟连》、《欲望都市》紧随其后，排在第11、12位。在美剧竞争激烈的市场下，深受年轻人追捧的《越狱》居然只排到了第100名。

师生交流

考生 C: 呼，今天这个场景背起来相当爽，有不少我感兴趣的话题哦，比如极限运动、电影等。我都有打开电脑看美剧的冲动了，嘻嘻 ~~

老师： 有兴趣总归是件好事。但是不要因为看美剧而荒废了整晚的时间啊。有不少考生原本打算用看电影练习听力，结果一打开电脑，只练了两句，就变成单纯看电影了。一晚上的时间也就这样耗费掉了。我们不用把电影中所有的内容都做精听或者听抄，那样的话时间耗费太多，并且消耗耐性。只要听 1 分钟左右的独白就可以了。比方说如果我们把美剧中每一集的 previous（剧情回顾）写下来，这段独白也就 1-2 分钟，效果是非常好的，如果能把一季的剧情回顾都做听写，就是非常大的进步了。那么多的好资源我们千万别浪费了，考生们也可以登录普特听力网，里面有大量的资源哦！

听写时间

Dictation words（请同学们自备笔纸）

Group 1：

Group 2：

Group 3：

Group 4：

Group 5：

There is something inside, that they can't get to, that they can't touch. That's yours. 内在的东西，别人到达不了，也无法触及，那是你的。

Review Day 1-3

复习时间

荣荣老师： 很多同学背单词时都有这样的经历：一开始精力十足，狂记狂背。过了几天后，再拿起书，发现前两天背的单词忘光光。真是打击了积极性，消耗了耐性，摧残了人性。这是因为我们在记忆的环节中缺少了重复的步骤。要想记住单词，重复才是力量！我们绝不是靠死记硬背记住单词，而是靠重复！艾宾浩斯遗忘曲线已经将人类记忆特点做了研究，如图：

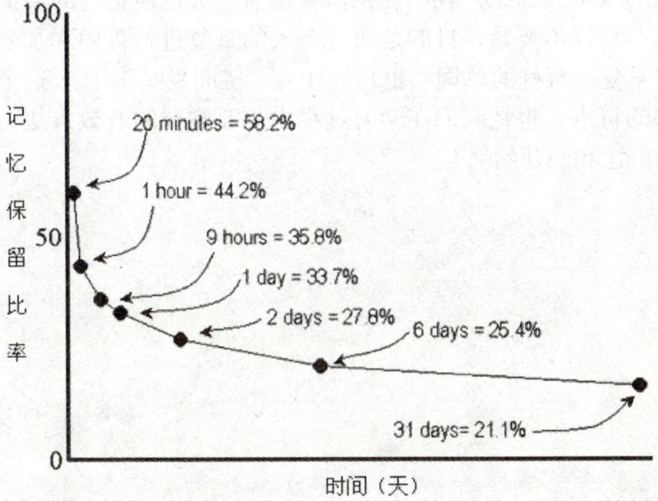

以上表格是一个简单的天数以及记忆持有量的变化。如果我们根据遗忘曲线作出调整，建立复习的计划，就会是这样，如图：

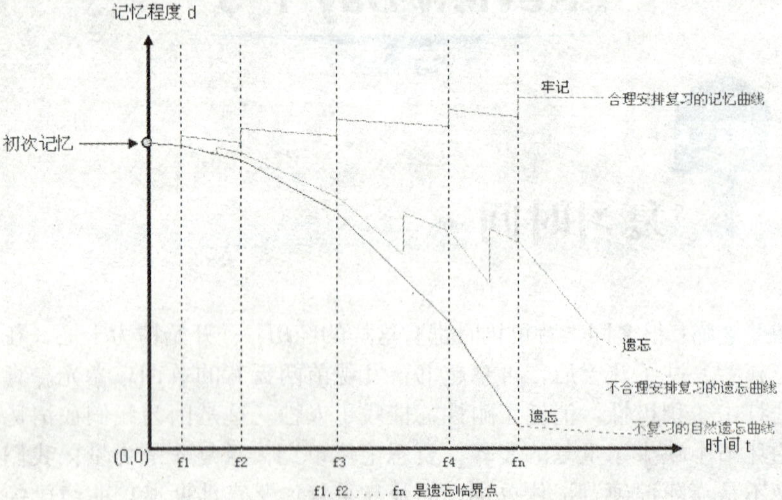

我们通过表格可以看出及时复习后初次记忆的绿线会维持在一个很高的水平。因此，我们现在需要把前三天已经记过的单词做重复记忆。忘词不要紧，目的是通过今天的重复进行巩固和加强。如果没有重复，再好的单词书也只能让人“望而兴叹”了。这个环节是本书的特点，也是我们在学习过程中需要掌握的有效方法，准备好录音，让我们开始吧！

听写时间

Section One

Dictation words（请同学们自备笔纸）

Group 1:

Group 2:

Group 3:

Group 4:

Group 5:

Section Two

Listen to the recording and fill in the missing words or sentences.

Entertainment：The Apprentice 娱乐：学徒

GLOSSARY 词汇表

electronics tycoon 电子届大亨	elimination 淘汰
plucky 勇敢的	fateful 决定性的，宿命的
budding 萌发中的	grim 严峻的，不景气的
gruelling 使人筋疲力尽的	hilarious 有趣的
business acumen 商业头脑	squabble 争论
hype 大肆宣传，炒作	squirm 难为情，羞愧

One of Britain's most popular 1) __________ has returned to our screens for a fifth 2) __________.

The Apprentice sees 3) ________________ ambitious individuals 4) __________ for a job with **electronics tycoon** Sir Alan Sugar.

With endless talk of 5) __________ crunches, redundancies (冗余) and cut-backs, it may come as 6) __________ that thousands of **plucky** hopefuls applied for the show.

The chosen 7) __________ in 8) __________ business tasks and do their best to escape **elimination** .

Not one of them wants to 9) ________ the **fateful** 10) _________: you're fired.

It should also be 11) __________ that this year's **budding** apprentices are not going to be allowed to forget the **grim** 12) __________ quite so easily.

At the launch of this year's TV show, Sir Alan announced that some 13) __________ have been "specifically made towards recognition of what difficult times we are in".

The 14) __________ will as usual be **grueling** tests of **business acumen**, team-working and 15) __________.

They will also make for some **hilarious** viewing. British viewers will be 16) __________ in disbelief at the 17) __________ of the wannabe apprentices.

But perhaps the most 18) __________ of the show will be watching the hopeful **squirm** and **squabble** in the 19) __________.

It is here they will have to 20) __________ just why they have 21) __________ so badly.

What drives people to 22) ______________ the show is difficult to say. Some are clearly motivated by the promise of a six-figure 23) __________.

And some claim they want the 24) __________ of working with a successful businessman such as Sir Alan.

One thing is for sure, the contestants will all gain 25) ____________. The show is a regular ratings winner.

To date, there has been one big winner and that is the 26) _________, Mark Burnett.

Originating in the US, The Apprentice's winning format has been copied all over the world and with the **hype** 27) _______________ this 28) ___________ series, it looks as though the show will have success for many years to come.

Section Three

Listen to the recording and write down the sentences.

1.

2.

3.

4.

5.

Day 4 文化活动

重要程度	★★★☆
出现频率	★★★
坐落位置	Section 1　Section 2
常规题型	个人信息题 地图题 表格题 填空题 搭配题
真题回顾	2011 年 4 月 19 日考过音乐话题；2010 年 2 月 20 日考了音乐学校场景。

场景介绍

听音乐会、参观美术画廊、观看马戏团演出……这些都是人们的精神食粮。不仅是放松的一部分，更是当地文化的传播。在雅思考试中，如果命题人想让考生们了解国外的风俗民情，极有可能通过文化活动场景出题。而这部分词汇在口语中也非常实用，考生很有可能在 part 2 的口语中被问到有关音乐的话题。所以若你在小学或者中学学过乐器，你大可谈论乐器、节拍、演奏曲目、音乐风格等等，这些词汇我们都已在下部分内容中列出。

文化活动

- **museum** [mjʊ(ː)'zɪəm] *n.* 博物馆
  - 展 art museum 美术馆
  - 同 art gallery 美术馆
- **festival** ['festəvəl] *n.* 节日
  - 展 art festival 美术节
- **theatre** ['θɪətə(r)] *n.* 剧场
  - 展 studio theatre 演播剧场
- **concert** ['kɒnsət] *n.* 音乐会
  - 同 recital [rɪ'saɪtl] *n.* 音乐会
- **premiere** [prɪ'mɪə] *v./n./adj.* 首次公演；首映；突出的
- **preview** ['priːvjuː] *v./n.* 彩排；预演
- **usher** ['ʌʃə] *n.* 领座员
- **performance** [pə'fɔːməns] *n.* 演出
  - 展 mime performance 哑剧表演
- **stage** [steɪdʒ] *n.* 舞台
  - 展 main stage 大舞台
- **audience** ['ɔːdjəns] *n.* 观众
- **program** ['prəʊgræm] *n.* 节目
  - 展 program list 节目单
- **acrobat** ['ækrəbæt] *n.* 杂技演员
- **show** [ʃəu] *n.* 表演
  - 展 circus show 杂技表演
  - 展 puppet show 木偶剧
  - 展 magic show 魔术表演
  - 展 photography show 摄影展
- **attraction** [ə'trækʃən] *n.* 吸引力

展 main attraction 压轴节目

- **singer** ['sɪŋə] *n.* 歌唱家
  展 backup singers 和声歌手
- **opera** ['ɒpərə] *n.* 歌剧
- ☆ **drama** ['drɑːmə] *n.* 戏剧
- **comedy** ['kɒmɪdɪ] *n.* 喜剧
- **tragedy** ['trædʒɪdɪ] *n.* 悲剧
- **ballet** ['bæleɪ] *n.* 芭蕾
- **balcony** ['bælkənɪ] *n.* 包厢
- **costume** ['kɒstjuːm] *n.* 装束，戏服
- **mask** [mɑːsk] *n.* 面具
- **set** [set] *n.* 布景
- **spotlight** ['spɒtlaɪt] *n.* 聚光灯
- ☆ **office** ['ɒfɪs] *n.* 办公室
  展 box office 售票处
  同 ticket office 售票处

音乐演奏

- **solo** ['səʊləʊ] *adj./n.* 单独的；独奏，独唱
- **soloist** ['səʊləʊɪst] *n.* 独奏家，独唱者
- **duet** [djʊ'et] *n.* 双重奏，双人表演
- **trio** ['triːəʊ] *n.* 三重奏
- **quarter** ['kwɔːtə] *n.* 四重奏
- **band** [bænd] *n.* 乐队
- **orchestra** ['ɔːkɪstrə] *n.* 管弦乐队
- **symphony** ['sɪmfənɪ] *n.* 交响乐
- **concerto** [kən'tʃɜːtəʊ] *n.* 协奏曲

- **sonata** [sə'nɑːtə] *n.* 奏鸣曲
- **pop** [pɒp] *adj./n.* 热门的，通俗的；流行
- **jazz** [dʒæz] *adj./v./n.* 爵士乐的；奏爵士乐；爵士乐
- **rock** [rɒk] *v./n.* 摆动；摇滚

小贴士

世界上最有名的音乐节当属WOODSTOCK音乐节，全称“Woodstock Rock Festival”，是目前世界上最著名的系列性摇滚音乐节。最早举行于1969年，主题是“和平、反战、博爱、平等”。

- **blue** [bluː] *n.* 蓝调
- **music** ['mjuːzɪk] *n.* 音乐
  - 展 hip hop 街舞
  - 展 string music 弦乐
  - 展 light music 轻音乐
  - 展 pop music 流行音乐
  - 展 classical music 古典乐
  - 展 folk song 民歌
  - 展 civic ballad 民谣
  - 展 national music 民族音乐
  - 展 country and western music 乡村西部音乐
  - 展 music hall 音乐厅
- **conductor** [kən'dʌktə] *n.* 指挥
- **drum** [drʌm] *n.* 鼓
- **brass** [brɑːs] *n.* 管铜乐器
- **trumpet** ['trʌmpɪt] *n.* 小号
- **horn** [hɔːn] *n.* 号，喇叭；管
- **bugle** ['bjuːgl] *n.* 军号
- **flute** [fluːt] *n.* 笛子

- **oboe** ['əʊbəʊ] *n.* 双簧管
- **clarinet** [ˌklærɪ'net] *n.* 单簧管
- **bass** [beɪs] *n.* 贝斯
- **cello** ['tʃeləʊ] *n.* 大提琴
- **violin** [ˌvaɪə'lɪn] *n.* 小提琴
- **harp** [hɑːp] *n.* 竖琴
- **guitar** [gɪ'tɑː] *n.* 吉他
- ☆ **piano** [pɪ'ænəʊ] *n.* 钢琴
- **organ** ['ɔːgən] *n.* 风琴
- **accordion** [ə'kɔːdjən] *n.* 手风琴
- **keyboard** ['kiːbɔːd] *n.* 琴键，键盘
  展 electric keyboard 电子键盘
- ☆ **instrument** ['ɪnstrʊmənt] *n.* 乐器
- **tune** [tjuːn] *n.* 曲子
  展 tune an instrument 调试乐器
- **tone** [təʊn] *v./n.* 调和；音调
  同 melody ['melədɪ] *n.* 音调；歌曲
- **beat** [biːt] *n./v.* 节拍；拍打
  同 tempo ['tempəʊ] *n.* 节拍
  同 time [taɪm] *n.* 节拍
  展 strong beat 强劲的节奏
- **lyric** ['lɪrɪk] *n.* 歌词
  同 words 歌词

小贴士

大名鼎鼎的披头士乐队，又译为甲壳虫乐队，英文为 The Beatles，不可不知哦。当然你还可以多关注些世界知名或你喜爱的乐队名称的英文表达法，口语中也会用到哦～

- **harmony** ['hɑ:mənɪ] *n.* 和声，融洽
- **melodious** [mɪ'ləʊdjəs] *adj.* 悦耳的
- **soulful** ['səʊlfəl] *adj.* 充满热情的
- **rhythm** ['rɪðəm] *n.* 节奏
  - 展 quick rhythm 快节奏
  - 展 graceful rhythm 优美的旋律
- ☆ **concert** ['kɒnsət] *n.* 音乐会
  - 展 concert tour 巡回音乐会
- **mood** [mu:d] *n.* 情绪
  - 展 soothe our mood 舒缓情绪
- **passion** ['pæʃən] *n.* 情绪
  - 展 calm the passion 镇定情绪
- ☆ **language** ['læŋgwɪdʒ] *n.* 语言
  - 展 universal language 通用语言

美术绘画

- ☆ **exhibition** [ˌeksɪ'bɪʃən] *n.* 展览
  - 展 art exhibition 美术作品
- **artist** ['ɑ:tɪst] *n.* 美术家，画家
  - 同 painter ['peɪntə] *n.* 画家
- ☆ **paint** [peɪnt] *v.* 绘画
  - 展 paint in watercolor 画水彩画
  - 展 oil painting 油画
- **sketch** [sketʃ] *v./n.* 素描；草图
- **mural** ['mjʊərəl] *adj./n.* 壁上的；壁画
- **sculpt** [skʌlpt] *v.* 雕刻
  - 同 carve [kɑ:v] *v.* 雕刻

- **sculpture** ['skʌlptʃə] *v./n.* 雕塑
- **sculptor** ['skʌlptə(r)] *n.* 雕塑家
- **pottery** ['pɒtərɪ] *n.* 陶器
- **potter** ['pɒtə] *n.* 陶塑家
- ☆ **craftsman** ['krɑːftsmən, 'kræft-] *n.* 木匠
- **photograph** ['fəʊtəgrɑːf] *n.* 摄影作品，照片
- **photographer** [fə'tɒgrəfə] *n.* 摄影师
- **frame** [freɪm] *v./n.* 构成；框架，画框
- **portrait** ['pɔːtrɪt] *n.* 人物肖像
- **landscape** ['lændskeɪp] *v./n.* 美化；风景画

师生交流

考生 D: 老师，我看您一直在提这部分词汇会在口语中用到，那我还用再去背口语相关词汇么？

老师： 实际上，听说一体。听力好的同学口语也好，反之，口语好的同学听力也不会太差。雅思考试中也会出现这样的情况，词汇的分类也是如此。听力和口语词汇确实更像是同一个范围内的，而阅读和写作词汇之间也有相通之处。所以在学习的时候，建议将口语和听力放在一起，听完剑桥雅思题目后就可以去复述原文，其实很多听力原文（transcript）都可以拿来当口语的范文或答案用哦。

听写时间

Dictation words（请同学们自备笔纸）

Group 1：

Group 2：

Group 3：

Group 4：

Group 5：

Living without an aim is like sailing without compass.

生活没有目标，犹如航行没有罗盘。

Day 5 看病就医

重要程度	★★
出现频率	★☆
坐落位置	Section 1　Section 4
常规题型	表格题　填空题　选择题
真题回顾	2010年3月18日的Section 3考了与医学相关的选课，2010年8月28日考了咨询就医场景。真题中填过抗生素（antibiotics）一词。

场景介绍

相对于前几天的高频场景，看病就医场景算是小场景。虽然出现频率不高，但由于其特定的专业性，一旦出现较易失分。所以对于想拿高分的同学来说，这些小场景也不容忽视。

看病场景在考试中主要有两种情况。一是出现在Section 1去诊所看病；二是出现在Section 4比较专业的营养健康知识的讲座。如07年出现的关于不饱和脂肪酸fat acid的一个讲座；而06年考试答案需要填写的抗生素antibiotics一词，也是难倒了不少想考高分的考生。

看病及症状

☆ **hospital** ['hɒspɪtl] *n.* 医院
展 community hospital 社区医院

☆ **clinic** ['klɪnɪk] *n.* 诊所
同 infirmary [ɪn'fɜːmərɪ] *n.* 医务室
展 campus clinic 校园诊所

☆ **receptionist** [rɪ'sepʃənɪst] *n.* 接待员；前台

● **consultant** [kən'sʌltənt] *n.* 咨询员
展 consulting hours 咨询时间

● **practitioner** [præk'tɪʃənə] *n.* 专业人员；有执照的专家
展 a general practitioner 全科医生

● **specialist** ['speʃəlɪst] *n.* 专家

● **surgeon** ['sɜːdʒən] *n.* 外科医生

☆ **physician** [fɪ'zɪʃən] *n.* 内科医生

☆ **dentist** ['dentɪst] *n.* 牙医

● **doctor** ['dɒktə] *n.* 医生

● **patient** ['peɪʃənt] *n./adj.* 病人；耐心的

● **checkup** ['tʃekʌp] *n.* 体检

☆ **appointment** [ə'pɔɪntmənt] *n.* 约会
展 make an appointment 预约

☆ **disease** [dɪ'ziːz] *n.* 疾病
展 disease case 病例

☆ **nurse** ['nɜːs] *n.* 护士
展 nursing care 护理

● **symptom** ['sɪmptəm] *n.* 症状

小贴士

在美国看病，不会当场交钱，而是先看病，后寄账单。但如果你没有医疗保险，费用会相当的高。目前约15%的美国人没有医疗保险，成为日益严重的社会问题。怪不得奥巴马总统每次发言总是会提到health care的政策。

- **twist** [twɪst] *n./v.* 扭；扭伤
  同 sprain [spreɪn] *n./v.* 扭；扭伤
- **nose** [nəʊz] *n.* 鼻子
  展 stuffed nose 鼻塞
  展 running nose 流鼻涕
- **dizzy** ['dɪzɪ] *adj.* 头晕的
- **drowsy** ['draʊzɪ] *adj.* 困的，昏昏欲睡的
- **fatigue** [fə'tiːg] *n.* 疲劳
- **muscle** ['mʌsl] *n.* 肌肉
- **eyesight** ['aɪsaɪt] *n.* 视力
  展 poor/bad eyesight 视力差
- ☆ **chronic** ['krɒnɪk] *adj.* 慢性的
- **epidemic** [ˌepɪ'demɪk] *adj.* 流行的
  同 pandemic [pæn'demɪk] *adj.* 流行的
- ☆ **temperature** ['tempərɪtʃə(r)] *n.* 温度
  展 take the temperature 测量体温
- **pulse** [pʌls] *n.* 脉搏
  展 feel one's pulse 号脉
- **pressure** ['preʃə] *n.* 血压
  展 take one's blood pressure 量血压

- **shivery** [ˈʃɪvərɪ] *adj.* 寒冷的；发抖的
  同 chill [tʃɪl] *n./v.* 发抖

疾病名称

- **cancer** [ˈkænsə] *n.* 癌症
- **toothache** [ˈtuːθeɪk] *n.* 牙疼
- **backache** [ˈbækeɪk] *n.* 背疼
- **headache** [ˈhedeɪk] *n.* 头疼
- **stomachache** [ˈstʌməkeɪk] *n.* 胃疼
- **allergy** [ˈælədʒɪ] *n.* 过敏
- **spasm** [ˈspæzəm] *n.* 痉挛
- **infect** [ɪnˈfekt] *v.* 传染
- **insomnia** [ɪnˈsɒmnɪə] *n.* 失眠
  同 sleeplessness [ˈslɪplɪsnɪs] *n.* 失眠
- **amnesia** [æmˈniːzjə] *n.* 健忘
- **flu** [fluː] *n.* 感冒，流感
  同 influenza [ˌɪnflʊˈenzə] *n.* 感冒
  展 bird flu 禽流感
  展 swine flu 猪流感
- **fever** [ˈfiːvə] *n.* 发烧
  同 have temperature 发烧
  展 have fever 发烧
  展 hay fever 花粉热
- **infection** [ɪnˈfekʃən] *n.* 感染
  展 lung infection 肺部传染
- **swell** [swel] *v.* 肿胀
- **cough** [kɒf] *n./v.* 咳嗽

- **sore** [sɒə] *n.* 疼痛
  展 sore throat 嗓子痛
- **trouble** ['trʌbl] *n.* 问题
  展 liver trouble 肝部问题
- **pneumonia** [njʊ(:)'məʊnjə] *n.* 肺炎
- **poison** ['pɔɪzn] *n./v.* 毒药；中毒
  展 food poisoning 食物中毒

处方及治疗

- ☆ **prescribe** [prɪs'kraɪb] *v.* 开处方
  展 give a prescription 开处方
- **remedy** ['remɪdɪ] *n./v.* 药物；治疗法；改正
- **diagnosis** [ˌdaɪəg'nəʊsɪs] *n.* 诊断
- **dosage** ['dəʊsɪdʒ] *n.* 剂量，用量
- **dose** [dəʊs] *v./n.* 给……服药；剂量
- **medicine** ['medsɪn] *n./v.* 药物；给……用药
- ☆ **pill** [pɪl] *n.* 药丸
- ☆ **tablet** ['tæblɪt] *n.* 药片
- **herb** [hɜ:b] *n.* 药草
- **capsule** ['kæpsju:l] *n.* 胶囊
- **syrup** ['sɪrəp] *n.* 糖浆
- **drop** [drɒp] *n./v.* 滴剂；滴下
- **mixture** ['mɪkstʃə] *n.* 混合冲剂
- **penicillin** [ˌpenɪ'sɪlɪn, pə'nɪ-] *n.* 青霉素
- ☆ **antibiotic** [ˌæntɪbaɪ'ɒtɪk] *n.* 抗生素
- ☆ **aspirin** ['æspərɪn] *n.* 阿司匹林

☆ **vitamin** ['vɪtəmɪn] *n.* 维他命

> 小贴士
>
> 国外的医院（诊所）与药店是严格分开的。在医院的接待处，都有本地药店的地址和电话联络表，还会标明哪些药店在周末或晚上开门。医生的处方纸上有条形码，药店卖药时将条形码扫入电脑，因此处方药卖给了谁、是哪个医生开的都会有记录。

● **injection** [ɪn'dʒekʃən] *n.* 注射

☆ **therapy** ['θerəpɪ] *n.* 治疗

同 treatment ['tri:tmənt] *n.* 治疗

展 relaxation therapy 放松治疗

展 diet treatment 食物治疗

☆ **operation** [ˌɒpə'reɪʃən] *n.* 手术

展 have an operation 做手术

● **dental** ['dentl] *n.* 牙医

展 dental care 牙医护理

☆ **exercise** ['eksəsaɪz] *v./n.* 锻炼；练习

● **precaution** [prɪ'kɔ:ʃən] *n.* 预防

☆ **charge** [tʃɑ:dʒ] *v./n.* 收费；医药费，费用

● **pharmacy** ['fɑ:məsɪ] *n.* 药店

同 drugstore ['drʌgˌstɔ:] *n.* 药店

师生交流

考生 E: 看病就医场景好专业，背得太辛苦了，而且有些枯燥无聊啊。别看词不多，但真是耗费时间，看着就头疼。

老师： 是的，相对于前面的单词，今天的单词可能有些难。但我们不用特别担心。首先，这个场景在考试中出现的频率不会太高，还是会以常见的疾病、治疗方式、药品等为主要考点。此外，我们在学习的过程中不要过于功利化，背单词也是如此。留学生在国外生活也会有去诊所看个感冒或头疼的情况，这很正常。如果语言不通，较为专业的词汇不会说，就会产生理解障碍，耽误病情。很多同学会把 GRE（美国研究生入学考试）戏称为 God Read English。主要是因为 GRE 的词汇非常专业，例如：古埃及法老 Pharaoh、儒教 Confucianism、正电子 positron 等专业词汇。很多同学觉得背了没用，这些词汇一辈子都用不上几次。其实不然，词到用时方恨少啊！通过 GRE 考试之后去美国读研究生的同学发现，在专业学习的过程中很多单词都是当年考 GRE 积累的，这些曾经把考生折磨得死去活来的单词那是相当有用啊！比如：有些学生在国外大学的专业是物理，所以遇到正负极、重力、加速度等单词直接过关，抱着书查单词的初级阶段就可以直接省略了。只有到那时，我们才能体会到被折磨之后的成就与喜悦吧！

听写时间

Dictation words（请同学们自备笔纸）

Group 1：

Group 2：

Group 3：

Group 4：

Group 5：

Believe that you are loved. 相信有人爱着你。

Day 6 面貌性格

重要程度	★
出现频率	★
坐落位置	Section 1　Section 2
常规题型	个人信息题　表格题　填空题
真题回顾	面貌性格不会单独出题，但会穿插在生活类场景中。

场景介绍

面貌性格在雅思考试中不单独出现对话，如果出题也是在Section 1中。如：两名强盗抢劫一位妇人、证人向警察描述罪犯特征等。这个考点的常见题型为填空题和选择题。此外，在描述人物的特征时，大部分场合是用肯定句直接陈述的，但有时也会用一些语气词和否定词来表达前后之间的变化，我们听的时候要注意。

年龄特征

- **age** [eɪdʒ] *n.* 年龄
  - 展 in one's 20s 二十多岁
  - 展 in one's early 20s/twenties 二十岁出头
  - 展 in one's mid-20s 二十五六岁
  - 展 about/around forty 大约四十岁
  - 展 nearly fifty 年近五十
  - 展 in one's late teens 青少年时期

脸部特征

- **portrait** ['pɔːtrɪt] *n.* 肖像
- **skin** [skɪn] *n.* 皮肤
  - 展 fair-skinned 白皮肤的
- **face** [feɪs] *n.* 脸
  - 展 round face 圆脸
  - 展 weather-beaten face 饱经风霜的脸
  - 展 square [skweə] face *n.* 方脸
- ☆ **cheek** [tʃiːk] *n.* 脸颊
  - 展 red cheeks 红润的脸颊
  - 展 high cheek bones 高颧骨
- **chin** [tʃɪn] *n.* 下巴
  - 展 double chin 双下巴
- ☆ **lip** [lɪp] *n.* 嘴唇
  - 展 thin lips 薄嘴唇
  - 展 full lips 厚嘴唇

- **nose** [nəʊz] *n.* 鼻子
  - 展 long nose 长鼻梁
  - 展 straight nose 直鼻梁
- **eye** [aɪ] *n.* 眼睛
  - 展 long eye lashes 长睫毛
  - 展 twinkling eyes 亮晶晶的眼睛
- **beard** [bɪəd] *n.* 大胡子，络腮胡
- **moustache** [məs'tɑ:ʃ] *n.* 小胡子，嘴唇上的胡子
- **shave** [ʃeɪv] *v./n.* 刮（胡须等）；剃
  - 展 clean-shaven 刮过脸的
  - 展 unshaven [ʌn'ʃeɪvn] *adj.* 未剃胡子的
- **scar** [skɑ:] *n./v.* 疤痕；伤疤
- **wrinkle** ['rɪŋkl] *n.* 皱纹

体形发型

- **medium-built** ['mi:djəm,bɪlt] *adj.* 中等身材的
- **figure** ['fɪgə] *n.* 身材
  - 展 slight of figure 身材瘦小的
- **height** [haɪt] *n.* 身高
  - 展 average height 平均身高
- **tall** [tɔ:l] *adj.* 高的
- ☆ **slim** [slɪm] *adj.* 苗条的
- **lean** [li:n] *adj.* 瘦的
  - 同 lanky ['læŋkɪ] *adj.* 瘦的
- **well-built** ['wel,bɪlt] *adj.* 健壮的
- **sturdy** ['stɜ:dɪ] *adj.* 强健的，壮实的
  - 同 solid ['sɒlɪd] *adj./n.* 强健的；固体

同 stout [staʊt] *adj.* 粗壮的

- **plump** [plʌmp] *adj.* 丰满的
  同 chubby ['tʃʌbɪ] *adj.* 丰满的
- ☆ **overweight** ['əʊvəweɪt] *n.* 超重
- **broad-shouldered** ['brɔːdˌʃəʊldəd] *adj.* 宽肩膀的
- **bald** [bɔːld] *adj.* 秃顶的
- **blond** [blɒnd] *adj./n.* 金发的；金发女人
  同 fair hair 金发
- **hair** [heə] *n.* 头发
  展 straight hair 直发
  展 curly hair 卷发
  展 dark hair 黑发
  展 grey hair 白发
- **hairstyle** ['heəstaɪl] *n.* 发型
  展 wavy ['weɪvɪ] *adj.* 波浪形的
  展 fringe [frɪndʒ] *n.* 刘海
  展 pony-tail *n.* 马尾
  展 swept back 向后梳的
  展 baldness ['bɔːldnɪs] *n.* 谢顶
  展 parted on the right side 右分头
- **dye** [daɪ] *n./v.* 染色；给……着色

性格特征

- **aggressive** [ə'gresɪv] *adj.* 有进取心的
- **alert** [ə'lɜːt] *adj.* 机灵的
- ☆ **ambitious** [æm'bɪʃəs] *adj.* 雄心壮志的
- **analytical** [ˌænə'lɪtɪkəl] *adj.* 善于分析的

- **apprehensive** [ˌæprɪˈhensɪv] *adj.* 有理解力的
- **aspiring** [əsˈpaɪərɪŋ] *adj.* 有志气的，有抱负的
- **competent** [ˈkɒmpɪtənt] *adj.* 能胜任的
- ☆ **confident** [ˈkɒnfɪdənt] *adj.* 有信心的
- **considerate** [kənˈsɪdərɪt] *adj.* 体贴的
- **constructive** [kənˈstrʌktɪv] *adj.* 建设性的
- ☆ **dependable** [dɪˈpendəbl] *adj.* 可靠的
- **diplomatic** [ˌdɪpləˈmætɪk] *adj.* 老练的，有策略的
- **disciplined** [ˈdɪsɪplɪnd] *adj.* 守纪律的
- **discreet** [dɪsˈkriːt] *adj.*（在行动、说话等方面）谨慎的
- **dutiful** [ˈdjuːtɪful] *adj.* 尽职的
- ☆ **responsible** [rɪsˈpɒnsəbl] *adj.* 负责任的
- **earnest** [ˈɜːnɪst] *adj.* 认真的
- **well-educated** [ˈwelˌedjuːkeɪtɪd] *adj.* 受过良好教育的
- **efficient** [ɪˈfɪʃənt] *adj.* 有效率的
- **energetic** [ˌenəˈdʒetɪk] *adj.* 精力充沛的
- **enthusiastic** [ɪnˌθjuːzɪˈæstɪk] *adj.* 充满热情的
- **expressive** [ɪksˈpresɪv] *adj.* 善于表达的
- **faithful** [ˈfeɪθful] *adj./n.* 守信的，忠诚的；信徒
- **forceful** [ˈfɔːsful] *adj.* 坚强的
- **frank** [fræŋk] *adj.* 直率的；真诚的
- **generous** [ˈdʒenərəs] *adj.* 宽宏大量的
  同 large-hearted 宽宏大量的
- **hearty** [ˈhɑːtɪ] *adj.* 精神饱满的
- **hospitable** [ˈhɒspɪtəbl] *adj.* 殷勤的
- **humble** [ˈhʌmbl] *adj.* 恭顺的
- **humorous** [ˈhjuːmərəs] *adj.* 幽默的
- **impartial** [ɪmˈpɑːʃəl] *adj.* 公正的
- ☆ **independent** [ˌɪndɪˈpendənt] *adj./n.* 有主见的；独立自主者

小贴士

无论是上学还是工作，'independent'是国外人非常重视的一个品质。所以你可以看到一些大学的入学要求或者公司的招聘上都会写有'work independently'这样的条件。雅思听力的选择题中若出现这样的选项均为正确选项。

- **ingenious** [ɪn'dʒiːnjəs] *adj.* 有独创性的
- ☆ **initiative** [ɪ'nɪʃɪətɪv] *n.* 首创精神
- **just** [dʒʌst] *adj.* 正直的
- **loyal** ['lɔɪəl] *adj.* 忠心耿耿的
- **modest** ['mɒdɪst] *adj.* 谦虚的
- ☆ **motivated** ['məʊtɪveɪtɪd] *adj.* 目的明确的
- **objective** [əb'dʒektɪv] *adj./n.* 客观的；目标
- **orderly** ['ɔːdəlɪ] *adj.* 守纪律的
- **original** [ə'rɪdʒənəl] *adj./n.* 有原创性的；原作
- ☆ **qualified** ['kwɒlɪfaɪd] *adj.* 合格的
- **rational** ['ræʃənl] *adj./n.* 有理性的；有理数
- **realistic** [rɪə'lɪstɪk] *adj.* 实事求是的；现实主义的
- ☆ **reliable** [rɪ'laɪəbl] *adj.* 可信赖的
- **self-conscious** ['self,kɒnʃəs] *adj.* 自觉的
- ☆ **selfless** ['selflɪs] *adj.* 无私的
- **sweet-tempered** ['swiːt,tempəd] *adj.* 性情温和的
- **tireless** ['taɪəlɪs] *adj.* 孜孜不倦的

师生交流

考生 F: 老师，我觉得这部分单词也和口语的关系很密切啊，也许我在口语考试的时候也能运用到。

老师： 是这样的，在口语考试中，我们也会遇到描述人物外貌、性格等问题，或者介绍你的一位朋友，或者是你最尊敬的一个人。这都需要我们运用人物面貌特征的词汇，以使得表达的内容更加丰富生动，而不仅仅是 old people, very friendly, she looks beautiful… 这样简单且使用频繁的表述。不过这些单词只是看起来简单，但我们一定不能忽略动笔写的步骤。要提醒同学们注意的是，在写人物年龄的时候，加不加 s 意思完全不一样。如 20s 指 20 几岁，是一个年龄段。如果不加 s，则只是 20 岁这一年。在剑 5 上可是有这样的题哦。年份也是如此，如 1990s 和 1990，前者表示 90 年代，后者只是 1990 年。这样的小错我们一定要避免。

听写时间

Dictation words（请同学们自备笔纸）

Group 1：

Group 2：

Group 3：

Group 4：

Group 5：

Reading makes a full man. 读书使人完善。

Review Day 4-6

复习时间

荣荣老师：今天我们要对前4、5、6天的内容进行复习。首先我要先回答同学们普遍的疑问，那就是：我究竟有多大的能力？记住多少单词？

科学家认为一个大脑储存信息的容量相当于十亿册书。即使每秒输入十个信息，这样持续一辈子也还有余地容纳别的信息。基本可以说是无限的。《人脑与思维》杂志发表文章指出，单比储存量，单个人脑的储存量甚至大于全球电脑的记忆总体。人脑的优势远远胜于电脑。这项发现可能会改变电脑的设计思路，今后的电脑改进可能不是增加字节，而是模仿人脑，更加注重神经网络。

当然目前还有人脑到底能被开发多少的概念。但是可以明确的是，考生千万不要怀疑自己的记忆能力。很多10几岁的高中生为了考SAT（美国高考），已经在1-2年内，甚至一些同学在半年内能背下2万左右的英文单词。而一些英文爱好者、翻译、教师能达到5万单词量。

圆周率是一个无穷小数，现在世界上有不止1人能背到小数点后2万多位。惊人吧！So，那些“我脑子不好使”、“太多了记不住”……的想法都是不客观的，只是自我感觉而已。每一个人都是比世界上功能最强的电脑还要强的记忆巨人！只是我们还没有唤醒它而已。

是的，我们的大脑比世界上功能最强的电脑还要强。我想这是一个值得传播的观点。

如果同学们感兴趣，推荐给大家一本书，这可是放在 2010 Reading List 上的好书哦。

My Stroke of Insight 中文译为《奇迹》。作者是美国脑神经学家泰勒，曾患中风，康复后将其经历写成《奇迹》一书。

听写时间

Section One

Dictation words（请同学们自备笔纸）

Group 1:

Group 2:

Group 3:

Group 4:

Group 5:

Section Two

Listen to the recording and fill in the missing words or sentences.

Swine Flu Prompts Karaoke Boom 猪流感引发卡拉 OK 热

GLOSSARY 词汇表

spread 传播	virus 病毒
mild illness 轻微的病状，小病	temporary closure 暂时关闭
virulent 致命的，致病性的	underlying 固有的，根本的

The global 1) ____________ that is 2) ____________ H1N1, more commonly known as 3) ________________, continues its rapid and **virulent spread**. The World Health Organization reported the number of 4) ______________ people to have reached 5) ________________ across 6) ___________ countries.

The **virus**, which is thought to have originated in 7) ___________, has now spread as far south as Australia and as far east as Japan. With 8) ___________ reported cases, Japan has one of the highest instances of 9) ___________ in Asia.

In response, Japan, like many other badly infected regions, has tried to contain any further spread of the virus. One measure taken has been the **temporary closure** of 10) ___________ schools, colleges and nurseries in and around Hyogo and 11) ___________.

Students have been advised to stay at home until further notice but a few restless individuals have found a more 12) ___________ and musical way to spend their new-found free time.

It appears some 13) _______________ are not spending their time worrying about the virus, but spending it practicing their singing instead.

In fact, a few karaoke club owners in Japan have reported record numbers of 14) ___________. One club manager told the AFP news agency: "We suddenly had a number of high school students after 2pm yesterday, right after the 15) ___________ that schools would close for a week."

Neither students nor club owners appear overly worried about the virus. So just how concerned should they be?

Well, according to 16) _______________ from Dr Margaret Chan, Director General of the World Health Organization:

"With the exception of the outbreak in Mexico, which is still not fully understood, the H1N1 virus tends to cause very **mild illness** in otherwise

Review Day 11–13

复习时间

荣荣老师： 本次的复习内容包括学术场景的大部分关键词汇。希望同学们能先复习然后再做 Review 测试。按场景背单词的好处是：即使你记不下来意思，在这一块的复习中再次出现了，写过听过以后，再记不清意思，也要知道这个词是个跟学习、课程相关的单词。所以不建议考生按照字母 A–Z 背字典式的顺序记单词哦，那样的话你不仅会发现很难背过 F 打头的单词，（因为 C, D, E 打头的单词量超多），倒着背也背不过 S, T 打头的单词，而且按照顺序背单词极有可能你记的只是顺序，如果上面那个单词不出现，可能就不会认识你要记的那个单词了。再有就是按照字母 A–Z 顺序背单词很可能使你焦头烂额、烦不胜烦，那么多长相一样的单词恨不得把书扔了……因此，阅读、写作词汇都应该像听力词汇一样以类别或场景来记忆，背这些单词有个线索、有个思路、有个大致方向，你就不会那么那么的厌烦单词了。

听写时间

Section One

Dictation words（请同学们自备笔纸）

Group 1:

Group 2:

Group 3:

Group 4:

Group 5:

Section Two

Listen to the recording and fill in the missing words or sentences.

US Colleges Set Enrollment Record

College 1) ___________ has reached an all-time high in the United States. About 2) ___________ of all eighteen to twenty-four year-olds or almost eleven and a half million were in school in 3) ___________ of last year.

A new report says both numbers are record highs. Richard Fry at the Pew Research Center points to a number of reasons.

RICHARD FRY: "The number of 4) ___________ that have finished high school is also now at a record all-time high. Almost eighty-five percent of America's young adults have finished high school. That means they're 5) __________. So part of the reason 6) __________ are at an all-time high is because the pool of youth that's eligible to go to college is also at an all-time high." Another reason for the enrollment increase: the recession.

The 7) __________ reached a twenty-six year high in October. The economic downturn has hit young adults especially hard. Richard Fry says their job-holding rate is almost at the lowest point in 8) __________ .

In a poor job market, many people turn to 9) __________, especially at two-year colleges. These schools, known as 10) __________, have had the greatest enrollment increase. They offer 11) __________ and traditionally cost a lot less than programs at four-year schools.

But 12) __________ say the recession has not cut enrollment in four-year programs, even with their higher sometimes much higher costs. The Chronicle of Higher Education says at least fifty-eight private colleges now 13) __________ or more a year.

Lately there have been accusations that some private, competitive liberal 14) __________ are trying to avoid being seen as "too female." Critics say that as a result these schools are discriminating against women and admitting less 15) __________ men. In August the United States Commission on Civil Rights opened an 16) __________.

17) __________ Lenore Ostrowsky says the purpose is to identify if discrimination is taking place in schools.

But she adds that there may be lots of reasons why more women 18) __________ colleges, and why colleges admit more women. The Census Bureau says 19) __________ of full time students at two- and four-year colleges last year were female.

Federal law bars sex discrimination at any school that receives federal money. Most schools do in one way or another. However, the law does not bar sex discrimination in admissions at 20) __________, only public ones.

The commission does not have enforcement powers, but it can suggest changes in the law. A report could take six months to a year.

Section Three

Listen to the recording and write down the sentences.

1.

2.

3.

4.

5.

Day 14 学生活动

重要程度	★★★
出现频率	★★
坐落位置	Section 2　Section 3
常规题型	表格题　填空题　选择题
真题回顾	此场景在 08 年 2 月 14 日、09 年 7 月 11 日等考试都有出现。

场景介绍

刚进大学的新生们如果想要快速融入当地学习和生活，那就加入些学生社团、参加些学生活动，这样有利于结识到新朋友，打开自己国外的社交圈。毕竟在国外一个人待得时间长了总归会有寂寞感和孤独感，为了我们出去后更加快速融入当地环境，所以参加学生活动是留学生们值得在意和尝试的。当然这部分内容就会包含在雅思听力中，这个场景的题目经常出现在 *Section* 2，*Section* 3 中。

活动地点

- **building** [ˈbɪldɪŋ] *n.* 大楼
  - 展 Student Union Building 学生会大楼
- ☆ **centre** [ˈsentə] *n.* 中心
  - 展 Main Centre of Social Life 社会活动中心
  - 展 Hi-tech Centre 高科技中心
  - 展 City Centre 市中心
  - 展 Sports Centre 体育中心
  - 展 Central Park 中央公园
- ☆ **club** [klʌb] *n.* 俱乐部
  - 展 Sports Club 健身俱乐部
  - 展 Salad Bar 沙拉台
- **pub** [pʌb] *n.* 酒吧
  - 同 bar 酒吧
- ☆ **main** [meɪn] *adj.* 主要的
  - 展 Main Hall 大厅，主堂
  - 展 Main Square 主广场
- ☆ **stadium** [ˈsteɪdɪəm] *n.* 露天运动场
- **indoor** [ˈɪndɔː] *adj.* 室内的
  - 展 indoor stadium 室内体育馆
  - 展 indoor arena 室内竞技场
- **pond** [pɒnd] *n.* 池塘
- ☆ **garden** [ˈɡɑːdn] *n.* 花园
  - 展 rose garden 玫瑰花园
  - 展 mulberry garden 桑树园
- ☆ **island** [ˈaɪlənd] *n.* 岛，岛屿
- **stream** [striːm] *n./v.* 小溪；流出，涌出

- **lake** [leɪk] *n.* 湖泊
- **palace** ['pælɪs] *n.* 宫殿
  - 展 Buckingham Palace 白金汉宫
  - 展 Summer Palace 颐和园
- **entertainment** [ˌentə'teɪnmənt] *n.* 娱乐
  - 展 Entertainment Complex 综合娱乐中心
- **theatre** ['θɪətə(r)] *n.* 剧院
  - 展 Theatre Royal 皇家剧院
- **lounge** [laʊndʒ] *n.* 休息室
  - 展 Internet Lounge 网吧
  - 展 departure lounge 候机厅
- **room** [ruːm] *n.* 屋子
  - 展 Tea Room 茶室
- **bookshop** ['bʊkʃɒp] *n.* 书店
  - 同 bookstore ['bukstɔː] *n.* 书店
- **alley** ['ælɪ] *n.* 胡同
  - 展 Bowling Alley 保龄球馆
- **arcade** [ɑː'keɪd] *n.* 拱形走道（两旁有商店或娱乐设施）
  - 展 Video Games Arcade 游戏场所
- **circus** ['sɜːkəs] *n.* 马戏团，杂技场
- **clown** [klaʊn] *n.* 小丑
- **facility** [fə'sɪlɪtɪ] *n.* 设施
  - 展 outdoor facilities 户外设施
  - 展 community facilities 社区设施
  - 展 ice-skating facilities 溜冰设施
- **well-equipped** [welˌɪ'kwɪpt] *adj.* 设备精良的
- **cinema** ['sɪnɪmə] *n.* 电影院
  - 展 cinema with seven screens 带有七个屏幕的电影院

活动联谊

- **sheet** [ʃiːt] *n.* 单子
  展 sign-up sheet 报名单
- **activity** [æk'tɪvətɪ] *n.* 活动
  展 leisure activities 课外活动
  同 extracurricular activities 课外活动
- ☆ **leisure** ['leʒə] *n.* 休闲
  同 recreation [ˌrekrɪ'eɪʃən] *n.* 休闲
  展 leisure time 业余时间
  同 spare time 业余时间
- **fraternity** [frə'tɜːnɪtɪ] *n.* 男大学生联谊会
- **sorority** [sə'rɒrɪtɪ] *n.* 女大学生联谊会

小贴士

兄弟会、姐妹会是校园生活中一个重要组成部分。兄弟会只有男生，而姐妹会只有女生。当然也会有两种性别都被接受的联谊会。想要参加其中的任何一个，你得先发誓，通过一系列测试，让他们判断你是不是适合这个社团。虽然有时测试恐怖了些，但联谊会却是帮你建立人际关系最好的办法之一。

- **alumnus** [ə'lʌmnəs] *n.* 男校友
- **alumni** [ə'lʌmnaɪ] *n.* 男校友复数
- **alumna** [ə'lʌmnə] *n.* 女校友
- **alumnae** [ə'lʌmˌniː] *n.* 女校友复数
- **pal** [pæl] *n.* 朋友
  展 pen pal 笔友
- **fellowship** ['feləʊʃɪp] *n.* 交情；奖学金
- **friendship** ['frendʃɪp] *n.* 友谊

展 enhance friendship 增进友谊

- **socialize** ['səʊʃəlaɪz] *v.* 与……交往
- **positive** ['pɒzətɪv] *adj.* 积极的，正面的
- **circumstance** ['sɜːkəmstəns] *n.* 环境

  展 life circumstance 生活环境
- **pleasure** ['pleʒə] *n.* 乐事，乐趣
- **facilitator** [fə'sɪlɪteɪtə] *n.* 协助者；服务商
- **host** [həʊst] *n.* 主持人；主人
- **participant** [pɑː'tɪsɪpənt] *n./adj.* 参与者；参加的
- **spectator** [spek'teɪtə] *n.* 观众

  同 audience ['ɔːdjəns] *n.* 听众
- ☆ **recreation** [rekrɪ'eɪʃ(ə)n] *n.* 消遣，娱乐

  同 entertainment [entə'teɪnmənt] *n.* 娱乐
- **group** [gruːp] *n.* 团体

  展 pop groups 流行乐团
- **disco** ['dɪskəʊ] *n.* 迪斯科舞厅
- **versatile** ['vɜːsətaɪl] *adj.* 多才多艺的
- **talent** ['tælənt] *n.* 天赋，才干
- **potential** [pə'tenʃ(ə)l] *n./adj.* 潜能；潜在的
- ☆ **coach** [kəʊtʃ] *n./v.* 长途汽车，教练；训导
- **raising** ['reɪzɪŋ] *n.* 积攒

  展 raising money 攒钱

  同 fund raising 攒钱
- **inexpensive** [ˌɪnɪks'pensɪv] *adj.* 便宜的

  同 low-cost ['ləʊkɒst] *adj.* 便宜的

  同 cheap [tʃiːp] *adj.* 便宜的
- **timetable** ['taɪmteɪb(ə)l] *n.* 时间表

  同 schedule ['ʃedjuːl, 'skedʒjʊl] *n.* 日程

  同 agenda [ə'dʒendə] *n.* 日程

师生交流

学生 N: 比起前几天的学术内容，今天的单词背起来感觉轻松很多。大学里有各种社团联谊会，想想就让人激动啊。唉，浮躁了，还是先踏实下来学习背单词吧。

老师： 能够自我约束就是一个进步。但还是不要太激动，踏实下来学习才是目前阶段最重要的事情啊。实际上，雅思考试是我们出国留学、在国外生活的第一步，而后伴随我们的还有很多学业课程，还要阅读各种书籍以及写英文大论文呢！国外大学宽进严出的教育体制，决定了我们无法掉以轻心，当然这也是一种促进我们日常学习、避免荒废时光的方式。不过，除了学习，交际也同等重要。很多学生出国之后只在语言的国际班待着，有的国际班的中国学生能占到 70%，而下课后就回到宿舍，而且经常是和很多中国孩子在一起，这样锻炼不出来英语，更不能融入到国外环境中成为一个国际化人才，出国的效果便会大打折扣。

听写时间

Dictation words（请同学们自备笔纸）

Group 1：

Group 2：

Group 3：

Group 4：

Group 5：

The time of life is short, to spend the shortness basely, it would be too long. 人生苦短，若虚度年华，则短暂的人生就太长了。

Day 15 图书馆设施

重要程度	★★★★☆
出现频率	★★★☆
坐落位置	Section 3
常规题型	表格题　填空题　选择题
真题回顾	2010、2011 年考试中都有出现此场景，在 Section 3 和 Section 4 中涉及。

场景介绍

图书馆场景是雅思听力学术类场景中的重要组成部分。这是由于命题人想传达给我们如何使用图书馆资源以及服务的信息。*Cambridge 5 P83* 和 *Cambridge 6 P81* 就为我们阐述了相关话题。对于很多考生来讲，这部分的场景和词汇有些生僻，从而造成不好把握题目主线、听不懂意思也写不出单词。所以除了单词外，我们还需要多了解国外图书馆的使用和借书等方式来帮助我们的理解。

图书馆场景为考试的必备场景之一，出现的频率相对较高。

出版借阅

- **library** ['laɪbrərɪ] *n.* 图书馆
- **librarian** [laɪ'breərɪən] *n.* 图书管理员
- **author** ['ɔ:θə] *n.* 作家
- **playwright** ['pleɪraɪt] *n.* 剧作家
- **writer** ['raɪtə] *n.* 作家，编剧
- **publisher** ['pʌblɪʃə(r)] *n.* 出版者，发行人
  - 展 year of publication 出版年限
- **press** [pres] *n.* 出版社；新闻
  - 展 Oxford University Press 牛津大学出版社
  - 展 London University Press 伦敦大学出版社
- **index** ['ɪndeks] *n./v.* 索引；编入索引
- **catalogue** ['kætəlɒg] *n.* 目录
- **category** ['kætɪgərɪ] *n.* 种类，类别
- **volume** ['vɒlju:m] *n.* 卷，册
- **section** ['sekʃən] *n.* 部分
  - 展 general-loan section 借阅部分
  - 展 reference section 参考书库
  - 展 reserve section 预借书库
  - 展 circulation desk 流通部
- **reserve** [rɪ'zɜ:v] *n./v.* 预定；保存
  - 展 closed reserve 非外借书库

由于美国大学里平时作业、小测验、小组讨论非常多，因此客观上促进了学生的自觉性。在国外大学的图书馆里有很多学生在自习、复习。我们通常认为国外大学生很疯狂很会玩，其实他们同时也是会刻苦学习的。尤其对于想继续深造的学生，是非常重视大学成绩的。

小贴士

- **available** [ə'veɪləbl] *adj.* 可借的；可利用的
- **loan** [ləʊn] *n.* 租借
  - 展 out on loan 已借出
  - 展 loan period 租借期限
  - 同 date of expiry 借书期限
- ☆ **renew** [rɪ'nju:] *v.* 续借；使更新
- **due** [dju:] *adj.* 到期的
  - 展 be due 到期的，期满的
  - 展 be overdue 过期的
  - 展 overdue books 过期的书
- ☆ **fine** [faɪn] *n.* 罚款
- **photocopy** ['fəʊtəʊ,kɒpɪ] *n./v.* 影印
- **machine** [mə'ʃi:n] *n.* 机器
  - 展 copy machine 复印机
- **microfilm** ['maɪkrəʊfɪlm] *n./v.* 微缩胶卷；微缩拍摄
- **typewriter** ['taɪpraɪtə] *n.* 打字机
- **printer** ['prɪntə] *n.* 打印机
- **processor** ['prəʊsesə] *n.* 加工
  - 展 word processor 文字处理软件
- ☆ **laboratory** [lə'bɒrətərɪ] *n.* 实验室

展 audio laboratory 视听室

小贴士

目前，很多图书馆都在一改以往严肃的面孔，向轻松惬意的理念发展。如美国麻省的杜塞贝里自由图书馆，距离学校、游泳池都只有几分钟的路程，馆内还设置了免费市内电话和咖啡座。

书目种类

- **chapter** ['tʃæptə] *n.* （书籍）章节
- **abstract** ['æbstrækt] *n./v./adj.* 摘要；提炼；抽象的
- **title** ['taɪtl] *n./v.* 标题；加标题于
- **chronology** [krə'nɒlədʒɪ] *n.* 年代表；年代学
- **works** [wɜːks] *n.* 著作，作品
- **fiction** ['fɪkʃən] *n.* 小说
- **novel** ['nɒvəl] *n./adj.* 长篇小说；新颖的
- **poem** ['pəuɪm] *n.* 诗；诗一般的事物
- **book** [buk] *n.* 书籍

展 borrow book 借书

展 reserve book 仅供内览而不外借的书

小贴士

与国内很多大学相同，国外图书馆也分为外借和在馆内查阅。借阅方法有两种：一种是书面预订，先填写索书单，然后投入预订箱内，过一二天就可以去取书处取书；另一种方法是通过电脑网络预订，只要将有关书籍的数据输入电脑就行了。

☆ **article** [ˈɑːtɪkl] *n.* 文章
- 展 go through the article 浏览文章
- 展 journal article 文摘，文章

☆ **material** [məˈtɪərɪəl] *n.* 材料
- 展 reading material 阅读材料
- 展 supplementary reading material 补充阅读材料
- 展 reference materials 参考材料
- 展 audio & video material 视听说材料

☆ **periodical** [ˌpɪərɪˈɒdɪkl] *n.* 期刊，杂志
- 同 journal [ˈdʒɜːnl] *n.* 杂志
- 同 magazine [ˌmægəˈziːn] *n.* 杂志
- 展 bound periodical 合订期刊

☆ **issue** [ˈɪsjuː] *n.* 发行物
- 展 current issue 现期期刊
- 展 back issue 过期期刊

☆ **dictionary** [ˈdɪkʃənərɪ] *n.* 字典，词典

● **encyclopedia** [enˌsaɪkləʊˈpiːdɪə] *n.* 百科全书

☆ **textbook** [ˈtekstbʊk] *n.* 课本
- 同 course book 课本
- 展 prescribed textbook 指定教材

● **bibliography** [ˌbɪblɪˈɒgrəfɪ] *n.* 文献目录；参考书目

● **biography** [baɪˈɒrəfɪ] *n.* 传记

师生交流

考生O： 老师，相比昨天的学生活动场景，今天的简直不是一个层面上的单词啊，今天的单词就要复杂和难多了哟。不过这样难易穿插安排很不错，有张有弛，简单的一章背起来不会很累，也会照顾下情绪，不会一再被摧残。简单的章节过后再来个难点的，比如昨天自我感觉还挺好，放松了些，今天就要有紧张的学术气氛了。在漫长艰苦的学习过程中，真的需要自我调整，有时候刚开始劲头十足，每天奋战。但是经过一个礼拜之后，就开始疲沓了，学什么都提不起精神，背什么都不给力……在这种情况下还需要一针强心剂去振奋自己，不然效率就会很低。我觉得用1个月的时间准备雅思还好，如果需要用2-3个月准备雅思考试的考生真的需要难易适中、穿插有方地进行学习。（当然很彪悍的能自我约束的考生除外），我奋！

老师： 总结得还挺好，都替我说了……

听写时间

Dictation words（请同学们自备笔纸）

Group 1：

Group 2：

Group 3：

Group 4：

Group 5：

Every memorable act in the history of the world is a triumph of enthusiasm. Nothing great was ever achieved without it. 历史上任何伟大的成就都可以称为是热情的胜利。没有热情，不可能成就任何伟业。

Day 16 论文写作

重要程度	★★★★☆
出现频率	★★★☆
坐落位置	Section 3
常规题型	表格题　填空题　选择题
真题回顾	2010 年 3 月 20 日、5 月 8 日、11 月 20 日等均出现与论文写作或两个学生与导师讨论论文相关的题目。

场景介绍

论文写作场景简直就是为留学生出国后遇到的论文写作和相关问题而贴身设计的。基本围绕论文题目、字数、草稿、校对、上交期限、资料搜索等介绍展开。如 *Cambridge* 3 中就填写过 *proofreading* 一词。国内外大学论文的要求其实相差不多，我们在做题过程中也可以根据自己在学校写论文的经历来把握听写的内容。比如 *Cambridge* 4 填写短论文的字数，由于录音速度很快，有些同学听不清，但凭着常识也能写出 3000-4000 的论文字数。

论文要求

- **essay** ['eseɪ] *n./v.* 短论文，评论；尝试
- **paper** ['peɪpə] *n.* 论文
  - 同 thesis ['θi:sɪs] *n.* 论文
  - 同 dissertation [ˌdɪsə(:)'teɪʃən] *n.* 论文
- **report** [rɪ'pɔ:t] *n.* 报告
  - 展 study report 研究报告
- **submit** [səb'mɪt] *v.* 上交作业
  - 同 hand in 上交作业
  - 展 confirm fixed hand-in date 确认规定上交期限
- **draft** [drɑ:ft] *n.* 草稿
  - 展 draft plan 草稿
- **duration** [djʊə'reɪʃən] *n.* 期限
- **due** [dju:] *n./adj.* 到期（的）
- **period** ['pɪərɪəd] *n.* 时期
  - 展 one-month period 一个月的时间期限
- **deadline** ['dedlaɪn] *n.* 最后期限
- **extension** [ɪks'tenʃən] *n./v.* 延期；扩展
- **flexible** ['fleksəbl] *adj.* 灵活的，可变通的
- **length** [leŋθ] *n.* 长度
- **requirement** [rɪ'kwaɪəmənt] *n.* 要求
- **word** [wɜ:d] *n.* 文章；字数
  - 展 word limit 字数限制
- **method** ['meθəd] *n.* 方法
  - 展 choose one method 选择一种方法
  - 展 research method 研究方法
- **topic** ['tɒpɪk] *n.* 题目

展 choose topic 选题

展 given tutorial topic 指定的题目

● **plagiarism** ['pleɪdʒɪərɪzəm] *n.* 抄袭，剽窃

小贴士

教师在辅导论文时，先会讲格式、分段、页面设置等。会用1-2节课说清楚，然后反复强调不能剽窃。题目下来后会要求学生给出大纲，通过审查后方可开始写并反复上缴草稿，从3页、5页直至成稿。一般至少需要上交3次以上，一些负责任的导师会要求至少交5次。

☆ **source** [sɔːs] *n.* 资源

展 internet source 互联网资源

展 information source 信息来源

● **note** [nəʊt] *n.* 笔记

展 photocopies of notes 笔记复印件

写作修改

● **research** [rɪ'sɜːtʃ] *n.* 研究

展 research methodology 研究方法学

展 research instrument 研究手段

展 research guide 研究方向

展 research result 研究结果

☆ **approach** [ə'prəʊtʃ] *n./v.* 方法，途经；接近

同 strategy ['strætɪdʒɪ] *n.* 方法，策略

- **data** ['deɪtə] *n.* 数据
  展 collecting data 收集资料
- **database** ['deɪtəbeɪs] *n.* 数据库，资料库
- ☆ **questionnaire** [ˌkwestʃə'neə] *n.* 调查问卷
- **query** ['kwɪərɪ] *n./v.* 询问；探询
- ☆ **feedback** ['fi:dbæk] *n.* 反馈
- **hypothesis** [haɪ'pɒθɪsɪs] *n.* 假设
- **valid** ['vælɪd] *adj.* 有效的
- **invalid** ['ɪnvəli:d] *adj.* 无效的
- ☆ **statistics** [stə'tɪstɪks] *n.* 统计；统计学
  展 statistically valid 统计学上有效的
- **investigation** [ɪnˌvestɪ'geɪʃən] *n.* 调查，研究
- **quantitative** ['kwɒntɪtətɪv] *adj.* 定量的；数量的
- **significant** [sɪg'nɪfɪkənt] *adj.* 重大的
  展 significant difference 显著的差异
- **respondent** [rɪs'pɒndənt] *n./adj.* 被访者，调查对象；回答的
  同 interviewee [ˌɪntəvju:'i:] *n.* 被访者
- **analyze** ['ænəlaɪz] *v.* 分析
- **drawback** ['drɔ:ˌbæk] *n.* 缺点，劣势
- **rate** [reɪt] *n.* 几率
  展 low response rate 低回应率
- **share** [ʃeə] *v.* 分享
  展 share ideas 共享想法
- ☆ **chapter** ['tʃæptə] *n.* 章节
- **headline** ['hedlaɪn] *n.* 头条
  展 hit the headline 登上头条
- **section** ['sekʃən] *n.* 部分
  展 section headings 分标题，小标题
- **conclusion** [kən'klu:ʒən] *n.* 结果

展 draw conclusion 得出结论

- **division** [dɪ'vɪʒən] *n.* 分类
  展 broad division 大分类
- **margin** ['mɑ:dʒɪn] *n./v.* 页边的空白处；加注于
- **revise** [rɪ'vaɪz] *v.* 修正，修改
- **rewrite** [ri:'raɪt] *v.* 重写，改写
- **unchanged** [ˌʌn'tʃeɪndʒd] *adj.* 不变的
  展 keep unchanged 保持不变
- **remove** [rɪ'mu:v] *v.* 去除，移动
- ☆ **tutor** ['tju:tə] *n.* 导师
  展 support tutor 副导师
  同 mentor ['mentə] *n.* 导师
  同 supervisor [ˌsju:pə'vaɪzə] *n.* 导师
- **proofreading** ['pru:frɪdɪŋ] *n.* 校对，校正
- **laser-printed** ['leɪzəˌprɪntɪd] *adj.* 激光打印的

小贴士

由于国外论文严禁剽窃，一旦查出可能会导致退学。这令很多学生要想写出论文，就要必须大量阅读、调研、收集数据，并且有点自己的特色才行。

师生交流

考生 P： 老师，我记得前天您说过国外大学是宽进严出的，所以写论文对于很多留学生就是一个大的考验吧？写不出来是不是就不能毕业呢？

老师： 没错。独立完成万字左右的论文除了在语言方面要有功底之外，阅读量、眼界、知识面也都必不可少。这也是为什么有的大学雅思成绩会被设定为总分 6.5，单项成绩不能低于 6 分，甚至直接标明写作成绩不能低于 6 分的原因。雅思写作分数也在一定程度上决定了论文的写作水平。当然，写之前听清论文的要求是第一步，有的同学听力练不好，那么出国后论文要求都弄不明白，更别提思路、逻辑等等了。其实写论文对于写作能力是一个很好的提升过程，就跟我们在准备雅思的过程是一样的，准备任何英语考试都是对自己英语能力的提高。有了写论文这个经历，以后在工作中就算用英文写报告、总结甚至推荐信都不再是个事了。

听写时间

Dictation words（请同学们自备笔纸）

Group 1：

Group 2：

Group 3：

Group 4：

Group 5：

You make millions of decisions that mean nothing and then one day your order takes out and it changes your life. 你每天都在做很多看起来毫无意义的决定，但某天你的某个决定就能改变你的一生。

Review Day 14-16

复习时间

荣荣老师： 不知道同学们在学习的过程中有没有养成背诵记忆的习惯？无论是英语、语文、文言文还是数学、物理、化学、音乐等等。有的学生选择理科的理由是可以不用背太多东西。但实际上，这个观点真的成立吗？不想记忆，归根结底是大脑懒惰的一种表现，或者说潜意识里懒惰的一种习惯。学习其实并无捷径，而善于记忆、勤于记忆则是勤奋的最好体现。就算是要学好理科，若干公式、具有代表性的例题也都是需要记忆的。即使是数学家，他可以脱口说出第一宇宙速度、重力、液体密度等数值等而不去查书。化学家则能随手写下各种化学方程式、化学元素等内容。很多老师在课堂上强调不要死记硬背，所以很多学生就不去记忆了。这是完全错误的，不死记硬背不等于不背。横着背、竖着背、联想地背、发散地背、生动地背！没有背诵就没有一切知识。我们不可能总是用电脑去百度或者谷歌才能学习吧。所以，无论哪类知识和信息，都要生动地去背诵！背诵可以有方法、有技巧，但是学习是没有技巧可言的。我们不要期待找到一种万能的方法来解决一切问题，学习的方法可以运用，但终究代替不了勤奋刻苦钻研的道路！

听写时间

Section One

Dictation words（请同学们自备笔纸）

Group 1:

Group 2:

Group 3:

Group 4:

Group 5:

Section Two

Complete the summary below and answer the questions.

The School of Education Libraries

The libraries on both sites provide internet access and have a variety of 1) ____________ on education.

The Castle Road library has books on 2) ______________, together with 3) _________________ and other resources relevant to the majority of 4) ____________ school subjects.

The Fordham library includes resources for teaching in 5) __________ education and special needs.

6) ____________ of 7) ____________ are available at both libraries, although 8) ____________ issues are only available at Fordham.

9) Which books cannot be renewed by telephone or email?

10) How much time is allowed to return recalled books?

Section Three

Listen to the recording and write down the sentences.

1.

2.

3.

4.

5.

Day 17 野生动物

重要程度	★★★
出现频率	★★☆
坐落位置	Section 2　Section 4
常规题型	表格题　填空题　选择题　提纲填充题
真题回顾	09 年 2 月 12 日、2010 年 8 月 28 日的 Section 4 均出现此场景。

场景介绍

雅思考试的动物场景多在 *Section 4* 出现。因此准备动物场景的第一个基本要求是对一些常见的动物名称熟练掌握，包括它们的发音、拼写以及最基本的生理特征和生活习性，特别是澳大利亚的一些最具特色的动物，例如 *sheep*，*red kangaroo*，*koala*，*crocodile*，*dolphin*，*falcon*，*bat*，*ostrich*，这些动物有的已经在 *IELTS* 考试中出现过了，有的还未出现。掌握关于这些动物的基本知识，特别是中国很少见到的一些动物，有助于提高大家的听力理解水平。例如 *V38* 考到的 *red kangaroo*（红袋鼠），如果考生对这种动物没有一点了解，就不能有效地预测听力中的内容。

动物种类

- **zoology** [zəʊ'ɒlədʒɪ] *n.* 动物学
- **entomology** [ˌentəʊ'mɒlədʒɪ] *n.* 昆虫学
- **animal** ['ænɪməl] *n.* 动物
  - 展 arboreal animal 树栖动物
  - 展 endangered animal species 濒危动物
- **creature** ['kriːtʃə] *n.* 生物
  - 展 dangerous creatures 危险生物
- **bird** [bɜːd] *n.* 鸟类
  - 展 migratory bird 迁徙鸟类；候鸟
- **wildlife** ['waɪldlaɪf] *n.* 野生动植物
- **mammal** ['mæməl] *n.* 哺乳动物
- **species** ['spiːʃɪz] *n.* 物种；种类
- **subspecies** ['sʌbˌspiːʃiːz] *n.* （动植物的）亚种
- **female** ['fiːmeɪl] *n./adj.* 雌性；雌性的
- **male** [meɪl] *adj.* 雄性的
- **horse** [hɔːs] *n./v.* 马；骑马
- **mare** ['meə] *n.* 母马
- **pony** ['pəʊnɪ] *n.* 马驹
- **donkey** ['dɒŋkɪ] *n.* 驴
- **ox** [ɒks] *n.* 牛
- **buffalo** ['bʌfələʊ] *n.* 水牛
- **bull** [bʊl] *n.* 公牛
- **cow** [kaʊ] *n.* 母牛
- **calf** [kɑːf] *n.* 小牛犊
- **swine** [swaɪn] *n.* 猪
- **sheep** [ʃiːp] *n.* 绵羊

- **goat** [gəʊt] *n.* 山羊
- **lamb** [læm] *n.* 羊羔
- **zebra** [zebrə] *n.* 斑马
- **antilope** ['æntɪlɒp] *n.* 羚羊
- **deer** [dɪə] *n.* 鹿
- **reindeer** ['reɪndɪə] *n.* 驯鹿
- **giraffe** [dʒɪ'rɑːf] *n.* 长颈鹿
- **camel** ['kæməl] *n.* 骆驼
- **elephant** ['elɪfənt] *n.* 大象
- **cat** [kæt] *n.* 猫
- **wildcat** ['waɪldkæt] *n.* 野猫
- **lion** ['laɪən] *n.* 狮子
- **puma** ['pjuːmə] *n.* 美洲狮
- **leopard** ['lepəd] *n.* 豹
- **tiger** ['taɪgə] *n.* 虎
- **dog** [dɒg] *n.* 狗
- **sheepdog** ['ʃiːpˌdɔːg] *n.* 牧羊犬
- **puppy** ['pʌpɪ] *n.* 小狗
- **fox** [fɔːks] *n.* 狐狸
- **wolf** [wʊlf] *n.* 狼
- **squirrel** ['skwɪrəl] *n.* 松鼠
- **bear** [beə] *n.* 熊
- **rabbit** ['ræbɪt] *n.* 兔子
- **hare** [heə] *n.* 野兔
- **rat** [ræt] *n.* 鼠
- **mouse** [maʊs] *n.* 小鼠
- **ape** [eɪp] *n.* 猿
- **monkey** ['mʌŋkɪ] *n.* 猴子
- **chimpanzee** [ˌtʃɪmpən'ziː] *n.* 黑猩猩

- gorilla [gəˈrɪlə] n. 大猩猩
- kangaroo [ˌkæŋgəˈruː] n. 袋鼠
- koala [kəʊˈɑːlə] n. 考拉
- bat [bæt] n. 蝙蝠
- whale [weɪl] n. 鲸鱼
- shark [ʃɑːk] n. 鲨鱼
- dolphin [ˈdɒlfɪn] n. 海豚
- seal [siːl] n. 海豹
- falcon [ˈfælkən] n. 猎鹰
  同 hawk [hɔːk] n. 鹰
  同 eagle [ˈiːgl] n. 鹰
- ostrich [ˈɒstrɪtʃ] n. 鸵鸟
- chick [tʃɪk] n.（指刚孵出的）小鸟，小鸡
- pigeon [ˈpɪdʒɪn] n. 鸽子
  同 dove [dəʊv] n. 鸽子
- crocodile [ˈkrɒkədaɪl] n. 鳄鱼
- tortoise [ˈtɔːtəs] n. 龟
- insect [ˈɪnsekt] n. 昆虫
- ant [ænt] n. 蚂蚁
- bee [biː] n. 蜂
- swarm [swɔːm] n. 蜂群
- honeybee [ˈhʌnɪbiː] n. 蜜蜂
  展 worker bee 工蜂
- wasp [wɒsp] n. 黄蜂
- butterfly [ˈbʌtəflaɪ] n. 蝴蝶
- dragonfly [ˈdrægənˌflaɪ] n. 蜻蜓
- firefly [ˈfaɪəflaɪ] n. 萤火虫
- cricket [ˈkrɪkɪt] n. 蟋蟀
- cocoon [kəˈkuːn] n. 茧

- **silkworm** ['sɪlk,wɜːm] *n.* 桑蚕
- **cicada** [sɪ'keɪdə] *n.* 蝉，知了
- **grasshopper** ['grɑːs,hɒpə(r)] *n.* 蚱蜢
- **cockroach** ['kɒkrəʊtʃ] *n.* 蟑螂
- **leech** [liːtʃ] *n.* 水蛭
- **beetle** ['biːtl] *n.* 甲虫
- **locust** ['ləʊkəst] *n.* 蝗虫
- **mosquito** [məs'kiːtəʊ] *n.* 蚊子
- **fly** [flaɪ] *n.* 苍蝇
- **spider** ['spaɪdə] *n.* 蜘蛛
- **worm** [wɜːm] *n.* 蠕虫，蚯蚓
- **bug** [bʌg] *n.* 小虫

小贴士

看看素食的大明星们：

好莱坞精灵王子奥兰多布鲁姆坦承："我的食物里不能有一丁点肉末，这习惯有时让人讨厌，但看看千疮百孔的地球，你就会发现人类有多么讨厌。"

美国环保民谣歌手杰克·约翰逊说："我曾是个无肉不欢的人，但有天我在路上看到一辆卡车挤满了鸡，我突然感到很抱歉，'伙计，我再也不嘴馋吃掉你们了'。"

大名鼎鼎的麦当娜全家总动员抵制肉食："除了蔬菜水果，我的三个孩子只能偶尔吃点冰淇淋，孩子们会抗议，但那总比地球毁灭的好。"

特征习性

- **habitat** ['hæbɪtæt] *n.* 栖息地
- **life** [laɪf] *n.* 生命
  - 展 life expectancy 预期寿命
  - 展 life cycle 生命周期
- **rare** [reə] *adj.* 稀有的
- **food** [fuːd] *n.* 食物
  - 展 food chain 食物链
  - 展 natural food 天然食品
- **mature** [mə'tjʊə] *adj./v.* 成熟的；成熟，到期
- **claw** [klɔː] *n.* 爪子
  - 展 sharp claw 锋利的爪子
- **feather** ['feðə] *n.* 羽毛
- **fur** [fɜː] *n.* 毛皮
- **hide** [haɪd] *n.* 兽皮
- **leather** ['leðə] *n.* 皮革，皮革制品
- **biltong** ['bɪltɒŋ] *n.* 肉干
- **domesticated** [də'mestɪkeɪtɪd] *adj.* 家养的
- **fertilize** ['fɜːtɪlaɪz] *v.* 使受精
- **reproduce** [ˌriːprə'djuːs] *v.* 繁殖
  - 同 breed [briːd] *v.* 繁殖
- **hatch** [hætʃ] *n./v.* 孵化
- **abdomen** [æb'dɒmən] *n.* 腹部
- **wing** [wɪŋ] *n./v.* 翅膀；飞翔
- **antenna** [æn'tenə] *n.* 触角
- **nest** [nest] *n./v.* 巢；筑巢
- **feed** [fiːd] *n./v.* 喂养，饲养

- **creep** [kriːp] *v.* 爬行
- **detect** [dɪ'tekt] *v.* 察觉
- **pollen** ['pɒlɪn] *n./v.* 花粉；传授花粉
- **nectar** ['nektə] *n.* 花蜜
- **nourish** ['nʌrɪʃ] *v.* 滋养
- **nutrient** ['njuːtrɪənt] *adj.* 有营养的
  展 nutritious substance 营养物质
- **wax** [wæks] *n./v.* 蜡，蜂蜡；给……上蜡
- ☆ **disease** [dɪ'ziːz] *n.* 疾病
  展 spread disease 传播疾病
- **insecticide** [ɪn'sektɪsaɪd] *n.* 杀虫剂
- **resistance** [rɪ'zɪstəns] *n.* 抵抗力

小贴士

喜欢动物、热爱自然的朋友们可以多看看Discovery的节目，通过以下网址能够了解大千世界中各种动物的特性和生活习性：http://discovery.baidu.com/

师生交流

考生 Q: 老师，尽管我很喜欢动物，也喜欢看动物世界，可是这和背单词感觉真不一样啊，可爱的动物们为什么一变成了英文单词就这样的令我失去了喜爱之情了呢?

老师: 没有你形容的这么夸张吧，有些关于动物的英文单词我们可以用联想法来帮助记忆，比如袋鼠 kangaroo，就是抗（kang）一个 (a) 肉 (roo)，这样一秒钟就记下来啦，而且还不会轻易忘记。况且，动物场景是雅思考试中的次重要场景，不会非常专业的，比如剑三出现了鸵鸟的场景，介绍了鸵鸟肉和其他动物相比都有哪些特点，鸵鸟的羽毛、皮革和肉都可以制成什么产品，以及养殖鸵鸟的农场出现的一些相关内容。对于觉得这章枯燥的同学们，我只能说爱屋及乌，喜欢动物就喜欢它的一切吧!

听写时间

Dictation words（请同学们自备笔纸）

Group 1：

Group 2：

Group 3：

Group 4：

Group 5：

The early bird catches the worm. 早起的鸟儿有虫吃。

Day 18 生态环境

重要程度	★★★★☆
出现频率	★★★☆
坐落位置	Section 4
常规题型	填空题　选择题　提纲填充题
真题回顾	2010 年 1 月 30 日、8 月 21 日……几乎每个月都会有 1-2 场考试的 Section 4 出现此场景。

场景介绍

生态环境以及下一章的资源保护都是 *Section 4* 的超高频场景哦。有些同学会觉得这部分越有难度，实际上无外乎讲到各种 *pollution*。我们不听也能知道 *speaker* 想让我们了解生态环境日益恶劣，然后倡导我们提高环保意识从我做起。尽管有的机经版本上介绍的环境场景词汇比较专业，如火山喷发、有机农业、土地保护等，但让我们填写的单词实际上不会跑偏，总会有一个大致的范围。

地球生态

- **ecosystem** [iːkəuˈsɪstəm] *n.* 生态系统
  - 展 coastal ecosystem 沿海生态系统
- **energy** [ˈenədʒɪ] *n.* 能量
  - 展 energy source 能源
  - 展 nuclear energy 核能
  - 展 solar energy 太阳能
  - 展 solar radiation 太阳辐射
- **atmosphere** [ˈætməsfɪə] *n.* 大气；大气层
- **carbon** [ˈkɑːbən] *n.* 碳
  - 展 carbon dioxide 二氧化碳
  - 展 carbohydrate 碳水化合物
- **oxygen** [ˈɒksɪdʒən] *n.* 氧气
- **nitrogen** [ˈnaɪtrədʒən] *n.* 氮
- **ozone** [ˈəuzəun] *n.* 臭氧
  - 展 ozone layer 臭氧层
- **vegetation** [ˌvedʒɪˈteɪʃən] *n.* 植被
- **barren** [ˈbærən] *adj./n.* 贫瘠的；荒地
- **wetland** [ˈwetˌlænd] *n.* 沼泽地，湿地
  - 同 marshland [ˈmɑːʃˌlænd] *n.* 沼泽地
- **grassland** [ˈgrɑːslænd] *n.* 草原，牧草地
- **woodland** [ˈwudlənd] *n.* 林地，森林
- **forest** [ˈfɒrɪst] *n.* 森林
  - 展 tropical rain forest 热带雨林
  - 展 original forest 原始森林

小贴士

亚马逊热带雨林（Amazon Rain Forest）有“世界动植物王国”之称。蕴藏着世界最丰富最多样的生物资源，多达数百万种，其中许多种类科学上至今尚无记载。但如今全球变暖，地球温度每升高一度，就会有大片森林消失。

☆ **soil** [sɔɪl] *n.* 土壤
展 fertile soil 肥沃的土壤
展 soil erosion 土壤侵蚀

☆ **hilly** ['hɪlɪ] *adj.* 多山丘的

☆ **flat** [flæt] *adj./n.* 平坦的；公寓

● **basin** ['beɪsn] *n.* 盆地；水池

● **canal** [kə'næl] *n./v.* 运河；开凿运河

● **cataract** ['kætərækt] *n.* 大瀑布
同 waterfall ['wɔːtəfɔːl] *n.* 瀑布

● **delta** ['deltə] *n.* 三角洲

☆ **volcano** [vɒl'keɪnəʊ] *n.* 火山

☆ **drought** [draʊt] *n.* 干旱
同 water shortage 干旱

☆ **evaporate** [ɪ'væpəreɪt] *v.* 蒸发

● **water** ['wɔːtə] *n.* 水
展 surface water 地表水
展 subterranean water 地下水
展 ground water 地下水

☆ **ocean** ['əʊʃən] *n.* 海洋
展 ocean current 洋流

● **tide** [taɪd] *n.* 潮汐
展 red tide 赤潮

- **biogas** ['baɪəʊˌɡæs] *n.* 沼气
  同 marsh gas 沼气
- **charcoal** ['tʃɑːkəʊl] *n.* 木炭
- ☆ **firewood** ['faɪəˌwʊd] *n.* 木柴，柴火
- ☆ **coal** [kəʊl] *n.* 煤
- **fossil** ['fɒsl] *n.* 化石
  展 fossil fuel 矿物燃料
- **power** ['paʊə] *n.* 能量
  展 hydroelectric power 水电动力
- **gas** [ɡæs] *n.* 气体
  展 liquefied gas 液化气
  展 natural gas 天然气
  展 greenhouse gas 温室气体
  展 exhausted gas 尾气
  展 toxic gas 有毒气体
- **polar** ['pəʊlə] *adj.*（近）北[南]极的
  展 polar area 极区
- ☆ **arctic** ['ɑːktɪk] *n.* 北极
  展 arctic region 北极
- ☆ **Antarctica** [ænt'ɑːktɪkə] *n.* 南极洲

小贴士

南极洲 Antarctica 比北极 Arctic 多了前缀 ant-，这个前缀表示：反的、抗的。

污染破坏

- **contaminant** [kən'tæmɪnənt] *n.* 污染物
- **climate** ['klaɪmɪt] *n.* 气候
  - 展 climate issue 气候问题
- **global** ['gləʊbəl] *adj.* 全球的
  - 展 global warming 全球变暖
- **pollution** [pə'lu:ʃən] *n.* 污染
  - 展 white pollution 白色污染
  - 展 industrial dust pollution 工业粉尘污染
- **atmosphere** ['ætməsfɪə] *n.* 大气
  - 展 atmospheric particulate 大气颗粒物
- **acid** ['æsɪd] *n.* 【化】酸
  - 展 acid rain 酸雨
- **sewage** ['sjʊ(:)ɪdʒ] *n.* 污水；下水道
- **desertification** [ˌdezɜ:tɪfɪ'keɪʃən] *n.* 沙漠化
- **deforestation** [dɪˌfɒrɪs'teɪʃən] *n.* 采伐森林
- **exploitation** [ˌeksplɔɪ'teɪʃən] *n.* 开采，开发
- **garbage** ['gɑ:bɪdʒ] *n.* 垃圾
  - 同 litter ['lɪtə] *n.* 垃圾
- **overgraze** [ˌəʊvə'greɪz] *v.* 过度放牧
- **extinction** [ɪks'tɪŋkʃən] *n.* 灭绝；消失
  - 同 die out 灭绝
  - 展 on the brink of 濒临
  - 展 on the verge of 濒临
- **deterioration** [dɪˌtɪərɪə'reɪʃən] *n.* 恶化
- **depredate** ['deprɪdeɪt] *v.* 掠夺；毁坏
  - 同 devastate ['devəsteɪt] *v.* 掠夺

- **disastrous** [dɪ'zɑːstrəs] *adj.* 损失惨重的
- **nasty** ['næstɪ] *adj.* 污秽的，肮脏的
- **eliminate** [ɪ'lɪmɪneɪt] *v.* 消灭；排除
- **threaten** ['θretn] *v.* 威胁
- **disease** [dɪ'ziːz] *n.* 疾病
  展 fatal disease 致命的疾病
- **cancer** ['kænsə] *n.* 癌
  展 cancer-causing agent 致癌物质
- **sacrifice** ['sækrɪfaɪs] *n./v.* 牺牲；献身
- **victim** ['vɪktɪm] *n.* 受害人；牺牲者

小贴士

翻开报纸、打开电视或网络首页，洪水、泥石流、地震、大火、冰川融化、漏油事件铺天盖地。你一定不想被悲观的2012情绪笼罩，加入些民间的环保组织吧，不仅能让你做些实实在在的事情，更能有份尽力而无悔的坦荡心态。

师生交流

考生 R: 这就是 Section 4 的内容啊，看起来都好难啊，我每次考试的时候，Section 4 基本属于放弃状态，能填一个就是一个，能填两个就是两个……对于这部分我本来是没有过多奢求的。

老师： 这种心态我们一定要避免，因为 Section 4 就是一只纸老虎，题目看起来有很多生词，听起来更是说啥也不知道。但实际上我们填的答案不但基本固定，而且相对容易。这就是为什么有些同学 Section 4 做得比 Section 1 还好的原因。之前，我认为那是因为有些同学属于慢热型选手，可能 Section 1 还没准备好。渐渐地我发现这种现象不但比较普遍而且很有意思：由于 Section 1 简单且都能听懂，反而会集中精力去反映录音本身的内容，至于即时填写本身就会后滞，最后再反应到题目也想不起来到底填啥了。而做 Section 4 时就顺着空，填能听得着的、听得懂的、听得到的，如果有一些背过的环境生态类词汇，写就是了。而录音本身说什么，若是听不懂也就不去关注了。结果惊喜地发现正确率超出了预期，甚至基本都做对了！对于听不懂也能做题的现象，你还会放弃吗？所以 Section 4 一定要做！同学们千万别放弃！

听写时间

Dictation words（请同学们自备笔纸）

Group 1：

Group 2：

Group 3：

Group 4：

Group 5：

It is responsible for everyone to conserve the environment.

保护环境，人人有责。

Day 19 资源保护

重要程度	★★★★☆
出现频率	★★★☆
坐落位置	Section 4
常规题型	填空题　选择题　提纲填充题
真题回顾	2010 年 1 月 30 日的 Section 4 出现了环保房的话题；2011 年 5 月 28 日的 Section 4 考了关于茶树油制药和保护等内容。

场景介绍

这部分和上一章的生态环境并成为超高频 *Section 4* 场景。机经中 *Section 4* 就出现了关于澳大利亚水资源的题目。涉及到水的来源、纯净度、用途、有没有污染等等。而 *Cambridge 5 P60* 也讲了 *Household Recycle* 的话题。2010 年 1 月 30 日 *Section 4* 也填到了环保 *conservation* 一词。都在我们今天这章的内容中。

资源利用

☆ **utilize** ['ju:tɪlaɪz] *v.* 利用

☆ **material** [mə'tɪərɪəl] *n.* 材料

展 recycled material 可回收材料

☆ **recycling** [ri:'saɪklɪŋ] *n.* 循环，再利用

☆ **reuse** [ri:'ju:z] *n./v.* 重新使用

● **reusable** [rɪ'ju:zəbl] *adj.* 可再度使用的

● **biodegradable** [ˌbaɪəʊdɪ'greɪdəbl] *adj.* 能进行生物降解的

☆ **source** [sɔ:s] *n.* 来源

展 alternative energy source 可替代能源

● **cleanup** ['kli:nˌʌp] *n.* 清扫，清除

● **sanitary** ['sænɪtərɪ] *adj.* 卫生的，清洁的

☆ **durable** ['djʊərəbl] *adj.* 耐用的，持久的

● **decomposition** [ˌdi:kɒmpə'zɪʃən] *n.* 分解；腐烂

☆ **classify** ['klæsɪfaɪ] *v.* 分类

☆ **garage** ['gærɑ:(d)ʒ] *n.* 车间

展 garage classification 垃圾分类

☆ **site** [saɪt] *n.* 位置，地点

展 landfill site 垃圾填埋场

展 drop-off site 可回收的垃圾站

● **dump** [dʌmp] *n./v.* 堆放处；倾卸

● **filter** ['fɪltə] *n./v.* 过滤

● **purification** [ˌpjʊərɪfɪ'keɪʃən] *n.* 净化

展 sewage purification 污水净化

● **disposable** [dɪs'pəʊzəbl] *adj.* 一次性的

展 disposable product 一次性产品

☆ **fertilizer** ['fɜ:tɪˌlaɪzə] *n.* 肥料

展 organic fertilizer 有机肥料

- **nature** ['neɪtʃə] *n.* 自然
  展 adjust to nature 适应自然
- **indispensable** [ˌɪndɪs'pensəbl] *n./adj.* 不可缺少（的）
- **modernize** ['mɒdə(:)naɪz] *v.* 使现代化

环境保护

- ☆ **conservation** [ˌkɒnsə(:)'veɪʃən] *n.* （能源、环境等的）保护
- ☆ **resource** [rɪ'sɔ:s] *n.* 能源
  展 resource management 资源管理
  展 mineral resource 矿产资源
  展 natural resource 自然资源
  展 freshwater resource 淡水资源
- **afforestation** [əˌfɒrɪs'teɪʃən] *n.* 植树造林
- **reforestation** [ˌri:fɒrɪs'teɪʃən] *n.* 重造森林
- **greenbelt** ['gri:nˌbelt] *n.* 绿色地带，绿化带
- **reservoir** ['rezəvwɑ:] *n.* 水库，蓄水池
- **dam** [dæm] *n./v.* 大坝；筑坝
- ☆ **environment** [ɪnˌvaɪərən'ment] *n.* 环境
  展 environmental impact 环境影响
- **sustainable** [sə'steɪnəbl] *adj.* 可持续的
  展 sustainable development 可持续发展
- **waste** [weɪst] *n.* 废物
  展 waste disposal 废物处理
- **remedial** [rɪ'mi:djəl] *adj.* 补救的
  展 remedial measure 补救性措施
- ☆ **fine** [faɪn] *n.* 罚款

同 penalty ['penltɪ] *n.* 罚款

- **enforce** [ɪn'fɔ:s] *v.* 强迫执行
- **surveillance** [sɜ:'veɪləns] *n.* 监督，监视
- **incentive** [ɪn'sentɪv] *n.* 刺激
  展 financial incentive 经济激烈机制
- **legislation** [ˌledʒɪs'leɪʃən] *n.* 立法
- **restore** [rɪ'stɔ:] *v.* 修复，重建
  同 reconstruct [ˌri:kən'strʌkt] *v.* 修复
- **reclaim** [rɪ'kleɪm] *v.* 开垦，改造
- **counterbalance** [ˌkauntə'bæləns] *n./v.* 平衡；使平衡，弥补
- **prioritize** [praɪ'ɒrɪtaɪz] *v.* 优先考虑
- **preventive** [prɪ'ventɪv] *adj.* 预防的，防止的
- **descendant** [dɪ'send(ə)nt] *n.* 后代，子孙
  同 generation [ˌdʒenə'reɪʃən] *n.* 一代人
- ☆ **civilized** ['sɪvɪlaɪzd] *adj.* 文明的
- **environmentalism** [ɪnˌvaɪərən'mentəlɪzm] *n.* 环境保护论
- **environmentalist** [ɪnˌvaɪərən'mentəlɪst] *n.* 环境保护论者
- **preserver** [prɪ'zɜ:və(r)] *n.* 保护者
  展 conscious preserver 自觉的环保者
- **convert** [kən'vɜ:t] *v.* 转变
- **awareness** [ə'weənɪs] *n.* 意识
  展 promote the public awareness 提高公众意识
  同 raise the awareness 提高公众意识

师生交流

考生S: 老师，今天的单词似乎都成了配角，更重要的是您倡导了环保的理念啊。

老师: 没错，不需要多大的决心，也不需要牺牲什么，做环保，你真的应该加入：

美国州长施瓦辛格："我以前痴迷悍马车，但他们是'汽油暴食族'，对环境的内疚让我睡不着觉，直到卖掉我的悍马车，我心里才好过些。"

好莱坞影后瑞茜·威瑟斯彭："最简单的环保方式就是减少消费，我不再是购物狂，我会买二手衣，翻新后穿，既不撞衫，又很低碳。"

电影明星爱德华·诺顿："我父亲曾在中国主持一个河流保护项目，我的兄弟姐妹深受父亲影响，对越来越糟的地球环境深表痛心。我从不买车，只在需要的时候租混合动力车。"

好莱坞明星莱奥纳多·迪卡普里奥："我见过朋友的豪华婚礼，用私人飞机接送客人，但我从不搭乘。我当然买得起私人飞机，但加速地球衰竭的坏事我绝不干。"

凯蒂·霍尔姆斯从不用发胶；大嘴茱莉亚·罗伯茨不用烘干机；杰西·卡贝尔总是随身带杯子，不喝瓶装水，更不用一次性纸杯……

我们绝不袖手旁观，站出来，过不欠地球的生活方式！

听写时间

Dictation words（请同学们自备笔纸）

Group 1：

Group 2：

Group 3：

Group 4：

Group 5：

To economize on water, land, power, raw materials, grains and other resources. 节水、节地、节能、节材、节粮以及节约其他各种资源。

Review Day 17–19

复习时间

荣荣老师：又到了我们的复习时间喽！在今天Review的Section 2中，我们配了Cambridge 3的真题来做练习，也以此来达到检验单词的目的。在剑桥系列中，剑三的语速应该算是最快的，所以不建议初学者在刚开始就做剑三,不然会很受打击。剑四作为初学材料比较合适。在本次复习的Section 2中，我们还需要用一些做题技巧来判断每个空格内填什么样的内容，今后荣荣老师会出专门技巧方法突破类的书籍来帮助我们更加轻松地做题。但前提是需要我们有快速反应和拼写的能力。本次Section 2中如果没听到答案没关系，但是听到的一定要能写出。有一个学生考了两次都是4.5分，到第二次考试前，他做题基本能对25个左右，也就是能达到6分的标准了。但这正确的25个题，是不把拼写算进去的。也就是说他的拼写总不过关，提笔就拼错，少字母、多字母的现象时有发生，而自己往往没有注意，心里想：反正下次拼对就行了，这次就先算对吧。殊不知，这个下次是无穷的，这个差不多的心态给自己造成了不良的学习习惯，也在很高的期望值下看到了很低的分数，产生了巨大的落差。所以差不多的心态在听力中一定要避免。要做到精益求精，雅思考试本身就是细致的。细心，细心，再细心！

听写时间

Section One

Dictation words（请同学们自备笔纸）

Group 1:

Group 2:

Group 3:

Group 4:

Group 5:

Section Two

Complete the table below. Write **NO MORE THAN TWO WORDS** *for each answer.*

NEW MEAT	CAN BE COMPARED TO	PROMBLEM
1)________________	2)________________	tough
3)________________	chicken	fatty
4)________________	5)________________	

OSTRICH PRODUCT	USE
Ostrich 6)________________	· tribal ceremonial dress · 7)________________ · decorated hats
Ostrich 8)________________	· 9)________________
Ostrich meat	· 10)________________

Section Three

Listen to the recording and write down the sentences.

1.

2.

3.

4.

5.

Day 20 经济政治

重要程度	★★★
出现频率	★★
坐落位置	Section 4
常规题型	表格题　选择题　提纲填充题
真题回顾	09年1月17日涉及调查医疗经济问题；3月21日考了营销和顾客关系。

场景介绍

经济政治话题是 *Section 4* 的常客，尤其是经济类话题。比如09年曾经考过服装产业的变化、营销和客户的关系、调查医疗经济的问题等。这是由于很多同学会出国读经济金融等专业，而且我们身边无不存在此类场景，因此听懂一个谈论经济类的独白就成为了雅思考试的场景之一。由于外国人不喜欢谈政治，所以政治类话题不会出一整个部分，最多可能会在 *Section 4* 中涉及1–2个空。比如 *Cambridge 5 P15*，谈到男人应该了解政治学（*politics*）。

根据这个出题频率，我们可以优先背诵经济类词汇，而政治类词汇可以作为一个次重点。

经济问题

- **economy** [ɪ'kɒnəmɪ] *n.* 经济
  - 展 socialist economy 社会经济
  - 展 capitalist economy 资本经济
  - 展 collective economy 集体经济
  - 展 planned economy 计划经济
  - 展 controlled economy 管制经济
  - 展 liberal economy 自由经济
  - 展 mixed economy 混合经济
  - 展 political economy 政治经济学
- **economist** [ɪ'kɒnəmɪst] *n.* 经济学家
- **economic** [ˌiːkə'nɒmɪk] *adj.* 经济的，经济学的
  - 展 economic trend 经济趋势
  - 展 economic situation 经济趋势
  - 展 economic integration 经济一体化
  - 展 economic cycle 经济周期
- **globalization** [ˌgləubəlaɪ'zeɪʃən] *n.* 全球化
- **boom** [buːm] *n.* 经济繁荣，兴隆
- **prosperous** ['prɒspərəs] *adj.* 繁荣的
- **stability** [stə'bɪlɪtɪ] *n.* 稳定性
- **recovery** [rɪ'kʌvərɪ] *n.* 经济复原
- **recession** [rɪ'seʃən] *n.* 衰退，萧条
  - 同 depression [dɪ'preʃən] *n.* 衰退
  - 同 stagnation [stæg'neɪʃən] *n.* 衰退
- **trade** [treɪd] *n./v.* 贸易；交易
- **power** ['pauə] *n.* 力量
  - 展 purchasing power 购买力

同 buying power 购买力

- **scarcity** ['skeəsɪtɪ] *n.* 缺乏，短缺
- ☆ **invest** [ɪn'vest] *v.* 投资
- **tariff** ['tærɪf] *n.* 关税
- ☆ **treaty** ['tri:tɪ] *n.* 条约；谈判
- ☆ **budget** ['bʌdʒɪt] *n./v.* 预算；做预算
- **surplus** ['sɜ:pləs] *n./adj.* 盈余；过剩的
- **deficit** ['defɪsɪt] *n.* 赤字
- **crisis** ['kraɪsɪs] *n.* 危机

  展 subprime mortgage crisis 次贷危机
- **infrastructure** [ˌɪnfrə'strʌktʃə] *n.* 基本建设
- ☆ **issue** ['ɪsju:] *n.* 问题，议题

  展 note issue 纸币发行量
- **currency** ['kʌrənsɪ] *n.* 货币

  展 foreign currency reserve 外汇储备

  展 hard currency 硬通货

  展 soft currency 软通货
- **fluctuation** [ˌflʌktjʊ'eɪʃən] *n.* 波动

  展 foreign exchange fluctuation 外汇波动
- **inflation** [ɪn'fleɪʃən] *n.* 通货膨胀
- **deflation** [dɪ'fleɪʃən] *n.* 通货收缩
- **devaluation** [ˌdi:vælјʊ'eɪʃən] *n.* 货币贬值
- **revaluation** [ˌri:væljʊ'eɪʃən] *n.* 货币增值
- **international** [ˌɪntə'næʃənəl] *adj.* 国际的

  展 international balance of payment 国际收支

  展 international monetary system 国际货币制度
- ☆ **balance** ['bæləns] *n.* 平衡

  展 favorable balance 顺差

  展 adverse balance 逆差

☆ **standard** ['stændəd] *n.* 标准
展 standard of living 生活标准，生活水平

- **GDP（Gross Domestic Product）** 国内生产总值
- **GNP（Gross National Product）** 国民生产总值
- **WTO（World Trade Organization）** 世贸组织
- **EU（European Commission）** 欧盟
- **WB（World Bank）** 世界银行

政治问题

☆ **politics** ['pɒlɪtɪks] *n.* 政治
- **politician** [ˌpɒlɪ'tɪʃən] *n.* 政治家
- **constitution** [ˌkɒnstɪ'tju:ʃən] *n.* 宪法
- **legislation** [ˌledʒɪs'leɪʃən] *n.* 立法

☆ **democracy** [dɪ'mɒkrəsɪ] *n.* 民主主义；民主政治
- **Democrat** ['deməkræt] *n.* 民主党
- **Republican** [rɪ'pʌblɪkən] *n.* 共和党
- **Congress** ['kɒŋgres] *n.* 美国国会
- **Senate** ['senɪt] *n.* 参议院
- **representative** [ˌreprɪ'zentətɪv] *n.* 代表
  展 House of Representatives 众议院

☆ **department** [dɪ'pɑ:tmənt] *n.* 部门
展 Department of Treasury 财政部
展 Security Department 安全部
展 Foreign Department 外交部
* 注：部门名称别忘了首字母大写哦。

☆ **government** ['gʌvənmənt] *n.* 政府，内阁
- **governor** ['gʌvənə] *n.* 政府官员，统治者

- **senator** ['senətə] *n.* 参议员
- **embassy** ['embəsɪ] *n.* 大使馆；大使馆全体人员
- **minister** ['mɪnɪstə] *n.* 大臣
  展 Prime Minister 首相
- **presidential** [ˌprezɪ'denʃəl] *adj.* 总统的
- **presidential system** 总统制
- **monarchy** ['mɒnəkɪ] *n.* 君主制

小贴士

至今保留君主政体的国家有：亚洲有科威特、约旦、阿曼、卡塔尔、巴林、沙特阿拉伯、柬埔寨、不丹、日本、泰国、文莱；欧洲有英国、卢森堡、挪威、瑞典、西班牙、丹麦、荷兰、比利时、摩纳哥、列支敦士登；非洲有摩洛哥、莱索托、斯威士兰；大洋洲有汤加。

- **federal** ['fedərəl] *adj.* 联邦的
  展 federal system 联邦制
- **institutional** [ˌɪnstɪ'tju:ʃənəl] *adj.* 制度上的
- **alliance** [ə'laɪəns] *n.* 联盟
  同 league [li:g] *n.* 联盟
  同 union ['ju:njən] *n.* 联盟
- **association** [əˌsəusɪ'eɪʃən] *n.* 协会
- **election** [ɪ'lekʃən] *n.* 选举
- **vote** [vəut] *n./v.* 投票
- **veto** ['vi:təu] *n./v.* 否决
- **negotiation** [nɪˌgəuʃɪ'eɪʃən] *n.* 谈判
- **revolution** [ˌrevə'lu:ʃən] *n.* 革命
  同 overturn [ˌəuvə'tɜ:n] *n.* 革命

- **reform** [rɪ'fɔ:m] *n./v.* 改革
- **ideology** [ˌaɪdɪ'ɒlədʒɪ] *n.* 意识形态
- **immigrant** ['ɪmɪgrənt] *n./adj.* 移民；移居的
- **colony** ['kɒlənɪ] *n.* 殖民地
- **office** ['ɒfɪs] *n.* 办公室
  - 展 office holding 任职
  - 展 take office 任职

> **小贴士**
>
> 美国总统的薪水：美国的前15任总统，拿的薪金都是2.5万美元，这一水平维持了84年。中间经过几次调整后直到1969年尼克松当政，国会把总统薪金加倍，达到了20万美元。而从第43任总统小布什开始，总统年薪为40万美元，这是美国总统的工资第5次调整。

- **radical** ['rædɪkəl] *n./adj.* 激进分子；激进的
- **military** ['mɪlɪtərɪ] *adj.* 军事的
- **patriotism** ['pætrɪətɪzəm] *n.* 爱国精神
- **treason** ['tri:zn] *n.* 叛国
- **betray** [bɪ'treɪ] *v.* 背叛，出卖
- **terrorism** ['terərɪzəm] *n.* 恐怖主义
- **terrorist** ['terərɪst] *n.* 恐怖分子
- **conspiracy** [kən'spɪrəsɪ] *n.* 阴谋
- **revenge** [rɪ'vendʒ] *n./v.* 复仇；替……报仇
- **imprisonment** [ɪm'prɪzənmənt] *n.* 监禁
- **release** [rɪ'li:s] *n./v.* 释放
- **pardon** ['pɑ:dn] *n./v.* 特赦
- **accusation** [ækju(:)'zeɪʃən] *n.* 谴责；指控

- **sue** [sjuː] *v.* 控告，提起诉讼
- **welfare** ['welfeə] *n.* 福利
- **patronage** ['pætrənɪdʒ] *n.* 资助，赞助
- ☆ **benefit** ['benɪfɪt] *n.* 利益
  展 equality and mutual benefit 平等互利
- **coexistence** [ˌkəʊɪɡ'zɪstəns] *n.* 共处
  展 the Five Principles of Peaceful Coexistence 和平共处五项原则
- **WFP（World Food Program）** 世界粮食计划署
- ☆ **treaty** ['triːtɪ] *n.* 公约
  展 North Atlantic Treaty Organization 北大西洋公约组织
  展 Antarctica Treaty 南极公约

师生交流

考生 T: 老师我看到这章有些内容用缩写，那我在誊写答案的时候能不能也使用缩写呢？

老师： 这个问题问得好。如果是公认的一些单位符号如 kg, km, am, pm 这些可以用缩写形式。但是雅思听力给的答案中，现在还没有出现过单词缩写的现象，保险起见，誊写答案时单词是需要全拼的，毕竟听力中会考写法。如果我们的答题卡上有这样的信息：info. (information), gov. (government), lab. (laboratory) 的缩写，那是不被接受的。考试中可以用缩写减少拼写的时间，达到速记的效果，只要你的缩写速记在 30 分钟后能帮你想起原答案就可以，如果你的缩写速记不能帮你 30 分钟后想起原答案，就不建议考试当中缩写。

听写时间

Dictation words（请同学们自备笔纸）

Group 1：

Group 2：

Group 3：

Group 4：

Group 5：

I have a dream that one day this nation will rise up and live out the true meaning of its creed: "We hold these truths to be self-evident, that all men are created equal." 我梦想有一天，这个国家将会奋起，实现其立国信条的真谛："我们认为这些真理不言而喻，人人生而平等。"

Day 21 工业科技

重要程度	★★☆
出现频率	★★
坐落位置	Section 4
常规题型	表格题　填空题　选择题　提纲填充题
真题回顾	2010 年 9 月 16 日的 Section 4 机器人；2011 年 1 月 27 日的 Section 4 回收轮胎等。

场景介绍

此场景相对于前面的环境经济等的高频场景来说，相对属于次重点的位置。因为过于专业化，所以在 *Section 4* 出现的机会就会少些。但在机经中出现澳大利亚铁路、建筑、汽车模型等介绍。08 年还曾经考到关于 *engineer* 的独白。具体讲到 *engineer* 和 *scientist* 的不同，然后讲解 *engineer design* 的发展历史，最早是和 *manufacture* 同时进行的，一个人有什么需求就自己动手来做，后来不断地改进，所以 *design is a part process of evolution*，中间还会使用 *model* 等。

传统工业

- **manufacturing** [ˌmænjʊˈfæktʃərɪŋ] *n.* 制造业
  展 manufacturing process 制造程序
- **device** [dɪˈvaɪs] *n.* 装置
  展 mechanical device 机械装置
- ☆ **industry** [ˈɪndəstrɪ] *n.* 工业
  展 industrial revolution 工业革命
- **hydroelectric** [ˌhaɪdrəɪˈlektrɪk] *adj.* 水力发电的
- **engineering** [ˌendʒɪˈnɪərɪŋ] *n.* 工程学
  展 systems engineering 系统工程
- **flow** [fləʊ] *n./v.* 循环；流动
  展 material flows 物流
- **management** [ˈmænɪdʒmənt] *n.* 管理
  展 organization and management 组织与管理
  展 product and technology development management 产品与技术开发管理
- ☆ **quality** [ˈkwɒlɪtɪ] *n.* 质量
  展 quality control 质量管理
  展 quality engineering 品质工程
- **substation** [ˈsʌbsteɪʃən] *n.* 变电站
  展 transformer substation 变电站
- **voltage** [ˈvəʊltɪdʒ] *n.* 电压；伏特数
- ☆ **current** [ˈkʌrənt] *n./adj.* 电流；当前的，流通的
- **resistor** [rɪˈzɪstə] *n.* 电阻
- ☆ **switch** [swɪtʃ] *n./v.* 开关；转换
- **plug** [plʌg] *n./v.* 插头；堵，塞
- **fuse** [fjuːz] *n./v.* 保险丝；熔合

☆ **battery** [ˈbætərɪ] *n.* 电池
同 cell [sel] *n.* 电池

☆ **button** [ˈbʌtn] *n./v.* 按钮；扣住

● **semiconductor** [ˌsemɪkənˈdʌktə] *n.* 半导体

● **force** [fɔːs] *n./v.* 力；强加

☆ **speed** [spiːd] *n./v.* 速度；加速

☆ **ration** [ˈræʃən] *n./v.* 定量；配给

☆ **model** [ˈmɒdl] *n.* 型号

● **part** [pɑːt] *n.* 零件

● **assembly** [əˈsemblɪ] *n.* 部件，集合，装配

● **fiber** [ˈfaɪbə] *n.* 纤维；光纤

● **operator** [ˈɒpəreɪtə] *n.* 操作员

● **replaceable** [rɪˈpleɪsəbl] *adj.* 可替代的

● **handicraft** [ˈhændɪkrɑːft] *n.* 手工艺；手工艺品
同 handmade product 手工艺品

☆ **craftsman** [ˈkrɑːftsmən] *n.* 工匠

● **union** [ˈjuːnjən] *n.* 联合
展 China heart union 中国结

● **sculpture** [ˈskʌlptʃə] *n./v.* 雕塑品；雕刻

● **statue** [ˈstætjuː] *n./v.* 雕像；以雕像装饰

● **carving** [ˈkɑːvɪŋ] *n.* 雕刻
展 stone carving 石雕
展 root carving 根雕

● **relief** [rɪˈliːf] *n.* 浮雕

● **clay** [kleɪ] *n.* 粘土
展 clay figure 泥人

● **pottery** [ˈpɒtərɪ] *n.* 陶器

信息科技

☆ **technical** ['teknɪkəl] *adj.* 技术上的
展 science and technology 科技

● **high-tech** ['haɪˌtek] *n.* 高科技

☆ **industry** ['ɪndəstrɪ] *n.* 产业
展 information industry 信息产业

● **commerce** ['kɒmə(:)s] *n.* 商务
展 electronic commerce/e-commerce 电子商务

● **intelligence** [ɪn'telɪdʒəns] *n.* 智能
展 artificial intelligence 人工智能

● **computerize** [kəm'pju:təraɪz] *v.* 用计算机处理

● **automatic** [ˌɔ:tə'mætɪk] *n./adj.* 自动化；自动的
同 roboticized [rəʊ'bɒtɪsaɪzd] *n.* 自动化
展 Process Automation 过程自动化
展 Office Automation 办公自动化
展 automated assembly line 自动化生产线

● **robot** ['rəʊbɒt] *n.* 机器人
展 robot equipment 自动设备；无人驾驶设备
展 robot arm 机械手

● **roboticist** [rəʊ'bɒtɪsɪst] *n.* 机器人专家

☆ **radar** ['redɑ:] *n.* 雷达
展 radar buoy 雷达浮标

☆ **satellite** ['sætəlaɪt] *n.* 人造卫星

☆ **activated** ['æktɪveɪtɪd] *adj.* 激活的；有活性的

● **virus** ['vaɪərəs] *n.* 病毒

● **spread** [spred] *n./v.* 传播

☆ **website** ['websaɪt] *n.* 网站

- 展 net surfing 网上冲浪
- 展 online chat 网上聊天

- **chatroom** ['tʃæt,ru:m] *n.* 聊天室
- **creativity** [,kri:eɪ'tɪvətɪ] *n.* 创造力
- **advancement** [əd'vɑ:nsmənt] *n.* 进步
  - 展 technological advancement 科技进步
- **download** ['daʊnləʊd] *v.* 下载
- **hardware** ['hɑ:dweə] *n.* 硬件；五金器具
- **ISDN**（**Integrated Services Digital Network**）综合业务数字网
- **WWW**（**World Wide Web**）世界万维网

师生交流

考生 U: 这章也不简单啊，都是专业化的词，不过为了我出国能多听懂些新科技的介绍、课堂内容，我坚持站好最后一班岗！

老师： 这是我们 21 天的最后一课了。我相信如果你能坚持下来，一定会取得不小的进步。当然这不是终点，还是希望同学们保持重复的学习习惯，经常拿出本书做听写练习。一般来说背单词背 3 轮效果比较理想。真心希望同学们能够在这 21 天里坚持并有所收获。荣荣老师送给所有考生一句话：贵在坚持，难在坚持，成在坚持！让我们用新航道的校训共勉：I will persist until I succeed !

听写时间

Dictation words（请同学们自备笔纸）

Group 1：

Group 2：

Group 3：

Group 4：

Group 5：

Health is happiness. 健康就是幸福。

Review Day 20–21

复习时间

荣荣老师: 如果同学们能坚持到这一天，首先要祝贺大家顺利完成雅思听力超高频词汇的背诵、记忆以及听写练习，这是个不小的收获。当然我们还不能庆功，现在还是有些为时过早。一直要坚持到我们考试的前一天，多重复几遍到考场时才能做到游刃有余。还在嫌时间紧迫，没有时间学习么？那么第 2、3 遍的重复我们可以利用零碎时间来回翻书，你要知道，每天省下 1 小时看电视的时间，1 个月就是 30 小时。IBM 的工作人员可以用 30 小时设计出一个硬件或者完成一单上百万美元的订单。这些零碎时间的积累会让你大吃一惊。所以，第 1 遍背完、写完之后，就可以进入零碎时间的翻看环节了，再进行巩固和强化。荣荣老师真心地希望这本书能够伴随大家走完考雅思的日子，并给大家提供帮助！

听写时间

Section One

Dictation words（请同学们自备笔纸）

Group 1:

Group 2:

Group 3:

Group 4:

Group 5:

Section Two

Listen to the recording and fill in the missing words or sentences.

Yesterday, we learned that the 1)________________ lost another 2)________________ jobs in the month of February, which brings the total number of jobs lost in this 3)____________ to 4.4 million. The unemployment rate has now surpassed 8 percent, the 4)____________ in a quarter century.

These aren't just 5)________________, but hardships experienced personally by millions of Americans who no longer know how they'll pay their bills, or 6)__________________, or raise their families.

From the day I 7)__________________, I knew that solving this 8)________________ would not be easy, nor would it happen overnight.

And we will continue to face difficult days in the months ahead. But I also believe that 9)________________, that if we act swiftly and boldly and responsibly, the United States of America will emerge stronger and 10)________________ than it was before.

That's why my administration is committed to doing all that's necessary to address this crisis and lead us to a better day. That's why we're 11)________________ with an economic agenda that will jumpstart job creation, restart lending, relieve responsible homeowners, and address the 12)________________ of our time: the cost of health care, our dependence on oil, and the state of our schools.

To prevent foreclosures for as many as 13)________________ and lower interest rates and lift home values for millions more, we are implementing a plan to allow lenders to work with borrowers to refinance or restructure their mortgages. On Wednesday, the 14)________________ and Housing and Urban Development released the guidelines that lenders will use for lowering mortgage payments. 15)________________.

Section Three

Listen to the recording and write down the sentences.

1.

2.

3.

4.

5.

Answers

Day 1

Group 1

1. urban 2. suburb 3. decoration 4. carpet
5. tenant 6. deposit 7. contract 8. refrigerator
9. stereo system 10. facilities

Group 2

11. privacy 12. lawn 13. balcony 14. storage
15. corridor 16. mansion 17. studio apartment 18. dormitory
19. lobby 20. laundry room

Group 3

21. surroundings 22. outskirt 23. garage 24. rural
25. blanket 26. rent 27. phone bill 28. landlord
29. lease 30. microwave oven

Group 4

31. switch 32. bed linen 33. ceiling 34. sea view
35. detached house 36. lounge 37. hut 38. downtown
39. bookcase 40. mattress

Group 5

41. cushion 42. pillow 43. vacuum cleaner 44. laptop
45. tub 46. furnished 47. couch 48. radiator
49. utility area 50. homeowner

Day 2

Group 1

1. sea creatures 2. waterfalls 3. go hiking 4. go camping
5. route book 6. journey 7. reserve 8. reservation
9. brochure 10. torch

Group 2

11. extension
12. departure lounge
13. compass
14. trousers
15. pants
16. cycling
17. desert
18. dessert
19. tent
20. splendid scenery

Group 3

21. backpack
22. excursion
23. life buoy
24. vacant seat
25. boarding pass
26. lodge
27. souvenir
28. church
29. voyage
30. expedition

Group 4

31. tourist
32. gallery
33. booming
34. travel agency
35. resort
36. conserve
37. ecotourism
38. landscape
39. museum
40. castle

Group 5

41. rock climbing
42. widen one's horizon
43. marvelous spectacle
44. luggage
45. coast
46. beach
47. ill-equipped
48. towel
49. expire
50. extra charge

Day 3

Group 1

1. stadium
2. sports facilities
3. fitness
4. sports field
5. issue
6. register
7. reception
8. football pitch
9. union card
10. leisure time

Group 2

11. discount
12. credit card
13. check/cheque
14. dance studio
15. ballet
16. squash court
17. track-and-field
18. competitive sports
19. annual fee
20. referee

Group 3

21. coach
22. amusement park
23. entertainment
24. swing
25. recreation
26. spare time
27. parachuting
28. sitcom
29. cheerleader
30. racing

Group 4

31. skating 32. billiards 33. comedy 34. documentary
35. science fiction 36. motor vehicle 37. automobile 38. reality TV show
39. baseball 40. badminton

Group 5

41. celebrity 42. horror 43. suspense 44. adventure
45. soap opera 46. jogging 47. outdoor activities
48. rowing 49. tie 50. episode

Review Day 1–3

Section One

Group 1

1. stadium 2. urban 3. balcony 4. deposit
5. garage 6. privacy 7. switch 8. radiator
9. waterfalls 10. castle

Group 2

11. issue 12. discount 13. suspense 14. annual fee
15. referee 16. celebrity 17. comedy 18. ecotourism
19. travel agency 20. stereo system

Group 3

21. tenant 22. entertainment 23. facilities 24. curtain
25. landlord 26. mattress 27. cycling 28. route book
29. museum 30. church

Group 4

31. credit card 32. check/cheque 33. leisure time 34. documentary
35. coach 36. decoration 37. laundry room 38. rural
39. lounge 40. laptop

Group 5

41. compass 42. souvenir 43. sitcom 44. fitness room
45. voyage 46. resort 47. episode 48. register

49. reception   50. swing

Section Two

(粗体单词是前三天的学习中出现过的哦)

1. **reality TV programs**
2. **series**
3. 16
4. **competing**
5. **credit**
6. no surprise
7. 16 will **compete**
8. **a series of**
9. hear
10. words
11. noted
12. economic climate
13. **episodes**
14. tasks
15. leadership skill
16. shaking their heads
17. crazy decisions
18. **entertaining**
19. **boardroom**
20. explain
21. failed each task
22. take part in
23. **salary**
24. experience
25. some level of **celebrity**
26. show's creator
27. **surrounding**
28. latest **series**

Section Three

1. I am looking over the list of studio apartments for rent.
2. I am in charge of the field trip for this group to the wetland.
3. This flat is furnished and it has refrigerator, stove and radiator.
4. In terms of tourism, Asia is becoming one of the most popular destinations.
5. He told me that he has been out of the campus to the suburb with his roommates.

Day 4

Group 1

1. gallery
2. rhythm
3. folk song
4. tragedy
5. audience
6. drama
7. opera
8. concert
9. recital
10. symphony

Group 2

11. portrait	12. mural	13. sketch	14. pottery
15. landscape	16. performance	17. circus	18. exhibition
19. studio theatre	20. photographer		

Group 3

21. costume	22. set	23. spotlight	24. duet
25. soloist	26. melody	27. drum	28. horn
29. jazz	30. universal language		

Group 4

31. string	32. cello	33. violin	34. trumpet
35. calm the passion	36. flute	37. accordion	38. organ
39. sonata	40. frame		

Group 5

41. art festival	42. Ticket Office	43. ballet	44. saxophone
45. tone	46. lyric	47. instrument	48. harmony
49. civic ballad	50. conductor		

Day 5

Group 1

1. therapy	2. injection	3. pharmacy	4. precaution
5. exercises	6. charge	7. dental care	8. vitamin
9. have an operation		10. mixture	

Group 2

11. capsule	12. aspirin	13. tablet	14. herb
15. pill	16. dosage	17. prescribe	18. remedy
19. diagnosis	20. give a prescription		

Group 3

21. food poisoning	22. cancer	23. stomachache	24. flu
25. toothache	26. amnesia	27. chronic	28. allergy
29. muscle	30. epidemic		

Group 4

31. clinic
32. infirmary
33. receptionist
34. first aid kit
35. disease case
36. nursing care
37. fatigue
38. dizzy
39. cough
40. feel one's pulse

Group 5

41. symptom
42. twist
43. physician
44. surgeon
45. consultant
46. patient
47. drowsy
48. syrup
49. drugstore
50. make an appointment

Day 6

Group 1

1. wrinkle
2. scar
3. moustache
4. beard
5. fair-skinned
6. square
7. red cheeks
8. long nose
9. full lips
10. twinkling eyes

Group 2

11. solid
12. plump
13. overweight
14. sturdy
15. lean
16. fair hair
17. blond
18. stout
19. bald
20. wavy

Group 3

21. initiative
22. fringes
23. receding
24. swept back
25. dyed
26. average height
27. slight of figure
28. lanky
29. medium-built
30. pony-tail

Group 4

31. self-conscious
32. motivated
33. modest
34. hospitable
35. disciplined
36. diplomatic
37. enthusiastic
38. ambitious
39. constructive
40. aspiring

Group 5

41. responsible
42. efficient
43. ingenious
44. realistic
45. rational
46. aggressive
47. alert
48. competent
49. analytical
50. loyal

Review Day 4-6

Section One

Group 1

1. portrait　2. string　3. conductor　4. instrument
5. recital　6. audience　7. gallery　8. concert
9. rhythm　10. prescribe

Group 2

11. infirmary　12. chronic　13. injection　14. therapy
15. mixture　16. vitamin　17. clinic　18. art festival
19. circus　20. exhibition

Group 3

21. landscape　22. mural　23. theatre　24. symphony
25. patient　26. physician　27. self-conscious　28. twist
29. motivated　30. enthusiastic

Group 4

31. responsible　32. efficient　33. loyal
34. capsule　35. pharmacy　36. spotlight　37. trumpet
38. lyric　39. epidemic　40. aspiring

Group 5

41. allergy　42. injection　43. infected　44. cough
45. drama　46. dizzy　47. antibiotics　48. performance
49. fatigue　50. aspirin

Section Two

（粗体单词是前三天的学习中出现过的哦）

1. **pandemic**　2. **influenza**　3. **swine flu**　4. **infected**
5. 9,830　6. 40　7. Mexico　8. over 170
9. **infection**　10. 4000　11. Osaka　12. **entertaining**
13. Japanese students　14. customers　15. announcement
16. a recent statement　17. **chronic** conditions

Section Three

1. Take your prescription to the hospital pharmacist's and they'll make it up for you.
2. The surgeon told me to take two aspirins .
3. This physician lives in Germany but has French nationality.
4. A concert is a performance given by one or more singers or instrumentalists or both.
5. I am playing tennis to develop my arm muscles.

Day 7

Group 1

1. canteen	2. café	3. workshop	4. showroom
5. storeroom	6. theatre	7. annex	8. garage
9. lawn	10. Dance Studio		

Group 2

11. Fitness Room	12. Squash Courts	13. Sports Center	14. lounge
15. milestone	16. amber light	17. pavement	18. pedestrian
19. junction	20. excessive speed		

Group 3

21. intersection	22. arrow	23. signpost	24. vehicle
25. cab	26. yacht	27. tube	28. metro
29. foyer	30. attic		

Group 4

31. shuttle	32. basement	33. Main Hall	34. cafeteria
35. block	36. directly opposite	37. trolley	38. plane
39. ship	40. library		

Group 5

41. go straight	42. Student Hostel
43. Self-access Room	44. Football Pitch
45. Convention Center	46. pantomime
47. winding road	48. traffic light

49. direction
50. Greyhound Bus Company

Day 8

Group 1

1. grocery
2. department store
3. bargain
4. guarantee
5. receipt
6. present
7. souvenir
8. cosmetic
9. wrist watch
10. traditional handicraft

Group 2

11. purse
12. fabrics
13. wool
14. leather
15. trousers
16. electrical appliances
17. silk
18. uniform
19. casual clothes
20. scarf

Group 3

21. pattern
22. medium
23. conservative
24. well-fitting
25. restaurant
26. cafeteria
27. snack bar
28. knife
29. medium-built
30. pony-tail

Group 4

31. spoon
32. motivated
33. modest
34. hospitable
35. disciplined
36. diplomatic
37. enthusiastic
38. ambitious
39. constructive
40. aspiring

Group 5

41. responsible
42. tissue
43. shrimp
44. steak
45. tender
46. tough
47. cucumber
48. chili
49. bitterness
50. whiskey

Day 9

Group 1

1. job satisfaction
2. rewarding
3. stressed
4. achievement
5. nominated
6. to be promoted to
7. salary
8. wage
9. commission
10. qualification

Group 2

11. questionnaire 12. resume 13. candidate 14. applicant
15. job seeker 16. interviewee 17. stockbroker
18. physical therapist 19. pilot 20. journalist

Group 3

21. architect 22. secretary 23. accountant 24. dentist
25. staff 26. clerk 27. supervisor
28. increasing workforce 29. cultivate
30. Finance Department

Group 4

31. self-realization 32. cooperative 33. demanding 34. look forward to
35. job hunter 36. musician 37. editor 38. executive
39. solicitor 40. writer

Group 5

41. staff selection 42. personnel market
43. quit a job 44. to accomplish
45. advanced worker 46. pressing
47. be content with 48. retraining
49. Section Manager 50. correspondent

Day 10

Group 1

1. tax 2. study aid 3. currency form 4. pound
5. cashier 6. pay list 7. statement 8. mortgage
9. exchange rate 10. annual interest rate

Group 2

11. credit 12. deposit 13. withdraw 14. insurance
15. select account 16. joint account 17. instant account
18. current account 19. saving account 20. loan

Group 3

21. overdraw
22. overdraft
23. value
24. amount in figures
25. service charge
26. penny
27. paper note
28. cent
29. buck
30. financial source

Group 4

31. interest-free
32. code
33. coin
34. funding
35. stock
36. by installment
37. policy
38. rebate
39. collateral
40. an excessive amount

Group 5

41. debt
42. unit
43. a princely sum
44. envelop
45. investment bank
46. commercial bank
47. full refund
48. money order
49. merchant bank
50. pay slip

Review Day 7–10

Section One

Group 1

1. cultivate
2. current situation
3. self-realization
4. exhausted
5. nominated
6. refundable
7. wage
8. commission
9. applicant
10. candidate

Group 2

11. architect
12. editor
13. secretary
14. secretary
15. clerk
16. currency
17. envelop
18. study aid
19. statement
20. extension

Group 3

21. mortgage
22. debt
23. stock
24. policy
25. insurance
26. withdraw
27. collateral
28. penny
29. financial source
30. qualification

Group 4

31. questionnaire
32. unsatisfied
33. accomplish
34. letter of reference
35. resume

36. selection procedure
37. interviewer
38. pilot
39. tax
40. shrinking job market

Group 5

41. a princely sum
42. buck
43. paper note
44. unit
45. ounce
46. cent
47. pay slip
48. by installment
49. merchant bank
50. annual interest rate

Section Two

1. D
2. H
3. A

Tapescript

So I have a couple of ideas about where we can eat lunch after church. There are a number of good places in town, but we should find a place where a lot of people can eat and they have a children's play area. Most people go to Ella's Deli, right across the street. But I think we should also consider going to the Olive Garden. That's just up the street to the right of the church to the first intersection. It's on the opposite corner. I love that place and it's next to a park as well.

And then there's Maurice's. It's a little a bit more expensive, but I actually like the kids area they have the best. It's on the same block as the Olive Garden, just on the other side of the park. I actually prefer Maurice's.

But we might have some students with us too, so a much more affordable place that could accommodate us all would be the Town & Grill back down past the Harford Shopping Mall from Maurice's. You have to go left on King Street just a bit and it's on your right, it's next to Tom's. But Tom's doesn't have a children's play area.

Section Three

1. With regard to their financial future, the supervisor advised the staff to put 30% of savings in low-risk investment.
2. This clerk asked the customer to wait for his turn.
3. I am a full-commission typewriter salesman, so if I don't sell, I don't eat.
4. The bank refused to accept any mortgage on land.
5. In other cases, "financial aid" is used to mean any kind of financial assistance, from both the school and outside sources.

Day 11

Group 1

1. open-book exam 2. written test 3. objective exam 4. certificate
5. qualification 6. degree 7. diploma 8. bachelor
9. master 10. attendance

Group 2

11. academic durations 12. dual major 13. vocational school
14. clinic 15. infirmary 16. medical service 17. grants
18. venue 19. advice service 20. tuition fee

Group 3

21. stationery 22. luggage 23. baggage 24. packing
25. scholarship 26. charity 27. drop out 28. sophomore
29. freshmen 30. engineering institute

Group 4

31. postgraduate 32. orientation 33. placement test 34. subjective exam
35. reception area 36. register 37. enrolment 38. approval
39. apply for 40. tertiary

Group 5

41. primary school 42. secondary school 43. keep on file
44. extend 45. social facilities 46. Teaching Assistant
47. postgraduate 48. fellowship 49. oral test 50. semester

Day 12

Group 1

1. session 2. minor 3. curriculum 4. compulsory course
5. required course 6. optional course 7. preparatory course
8. modular course 9. science 10. engineering

Group 2

11. agriculture 12. accounting 13. architecture 14. astronomy
15. chemistry 16. ecology 17. finance 18. geography

19. history	20. literature		

Group 3

21. statistics	22. sociology	23. politics	24. physiology
25. physics	26. philosophy	27. mathematics	28. fundamental
29. elementary	30. intermediate		

Group 4

31. probation	32. audit	33. credit	34. distinction
35. cheating	36. transcript	37. plagiarism	38. make up
39. score	40. course load		

Group 5

41. advanced	42. linguistics	43. law	44. economics
45. training course	46. major	47. genetics	48. arts
49. grading system	50. unit		

Day 13

Group 1

1. tutorial	2. presentation	3. principal	4. coordinator
5. professor	6. lecturer	7. feedback form	8. essay
9. questionnaire	10. survey		

Group 2

11. database	12. content	13. reading list	14. investigation
15. handout	16. textbook	17. assignment	18. geography
19. outline	20. expert		

Group 3

21. summary	22. theoretical study	23. teaching approach	
24. project	25. case study	26. seminar	27. experiments
28. equipment	29. design phase	30. educational	

Group 4

31. take initiative	32. group discussion
33. focus	34. participation

35. teaching practice
36. research
37. small-scale study
38. office hour
39. write-up work
40. learner-centered activity

Group 5

41. dean
42. mentor
43. supervisor
44. poll
45. spokesman
46. counselor
47. teaching material
48. assessment
49. database
50. analytical assignment

Review Day 11-13

Section One

Group 1

1. advanced
2. genetics
3. attendance
4. tuition fee
5. infirmary
6. charity
7. scholarship
8. orientation
9. primary school
10. enrolment

Group 2

11. written test
12. grants
13. statistics
14. intermediate
15. sociology
16. politics
17. fundamental
18. credit
19. agriculture
20. ecology

Group 3

21. curriculum
22. geography
23. engineering
24. dean
25. database
26. assessment
27. seminar
28. equipment
29. outline
30. handout

Group 4

31. textbook
32. assignment
33. essay
34. questionnaire
35. presentation
36. lecturer
37. survey
38. project
39. case study
40. take initiative

Group 5

41. supervisor
42. minor
43. accounting
44. audit
45. probation
46. diploma
47. venue
48. register
49. register
50. reception area

Section Two

（粗体单词是之前的学习中出现过的哦）

1. **enrollment**
2. 2.40%
3. October
4. young adults
5. **college eligible**
6. **college enrollments**
7. unemployment rate
8. nearly 50 years
9. **higher education**
10. **community colleges**
11. **professional training**
12. **experts**
13. **charge** 50,000 dollars
14. **arts colleges**
15. **qualified**
16. **investigation**
17. **Spokeswoman**
18. **apply to**
19. 19.54%
20. **private undergraduate schools**

Section Three

1. His chances for getting the scholarship were very slim.
2. The professor is busy preparing his biology curriculum plan.
3. First make an outline and then fill in the content.
4. The increase of university and college enrollment was widely appreciated by the general public.
5. I have to write an essay for next week's seminar.

Day 14

Group 1

1. versatile
2. talent
3. potential
4. coach
5. fund raising
6. low-cost
7. timetable
8. schedule
9. agenda
10. karaoke

Group 2

11. entertainment
12. participant
13. audience
14. pleasure
15. spectator
16. recreation
17. circumstances
18. positive
19. socialize
20. fellowship

Group 3

21. pen pal 22. sorority 23. leisure time 24. extracurricular
25. ice-skating facilities 26. circus 27. bookshop
28. Theatre Royal 29. palace 30. enhance friendship

Group 4

31. stream 32. stadium 33. Tea Room 34. well-equipped
35. community 36. outdoor 37. indoor 38. Internet Lounge
39. pond 40. cinema with seven screens

Group 5

41. Main Hall 42. arena 43. Hi-tech Centre 44. Sports Club
45. Salad Bar 46. square 47. Central Park 48. island
49. alumnus 50. alumna

Day 15

Group 1

1. biography 2. bibliography 3. textbook 4. encyclopedia
5. magazine 6. back issue 7. current issue 8. dictionary
9. journal 10. reference materials

Group 2

11. articles 12. periodical 13. fiction 14. poet
15. chronology 16. abstract 17. title 18. chapter
19. novel 20. audio laboratory

Group 3

21. printer 22. typewriter 23. photocopy 24. overdue books
25. fine 26. renew 27. date of expiry 28. circulation desk
29. be due 30. available

Group 4

31. catalogue 32. category 33. volume 34. index
35. year of publication 36. playwright 37. librarian
38. press 39. author 40. writer

Group 5

41. general-loan section
42. closed reserve
43. prescribed textbook
44. loan period
45. word processor
46. microform
47. course book
48. out on loan
49. bound periodical
50. supplementary reading material

Day 16

Group 1

1. essay
2. dissertation
3. thesis
4. study report
5. magazine
6. back issue
7. current issue
8. dictionary
9. journal
10. reference materials

Group 2

11. submit
12. draft plan
13. duration
14. confirm
15. extension
16. deadline
17. length
18. flexible
19. requirement
20. plagiarism

Group 3

21. collecting data
22. approach
23. hypothesis
24. feedback
25. query
26. questionnaire
27. valid
28. interviewee
29. significant difference
30. quantitative

Group 4

31. analyze
32. drawback
33. remove
34. laser-printed
35. proofreading
36. rewrite
37. revise
38. investigation
39. statistically
40. research guide

Group 5

41. instrument
42. research methodology
43. tutorial topic
44. word limit
45. respondent
46. hit the headline
47. broad division
48. draw conclusion
49. on the margins
50. support tutor

Review Day 14-16

Section One

Group 1

1. dissertation 2. current issue 3. draft plan 4. flexible
5. hypothesis 6. approach 7. questionnaire 8. analyze
9. drawback 10. proofreading

Group 2

11. instrument 12. respondent 13. broad division 14. tutorial topic
15. biography 16. encyclopedia 17. articles 18. audio laboratory
19. available 20. circulation desk

Group 3

21. chapter 22. catalogue 23. librarian 24. index
25. author 26. supplementary 27. bound periodical
28. potential 29. schedule 30. versatile

Group 4

31. agenda 32. recreation 33. circumstance 34. positive
35. socialize 36. fellowship 37. spectator 38. palace
39. stream 40. enhance friendship

Group 5

41. stadium 42. pond 43. extracurricular 44. well-equipped
45. arena 46. Main Hall 47. abstract 48. investigation
49. laser-printed 50. statistically

Section Two

（粗体单词是前三天的学习中出现过的哦）

1. **reference materials** 2. **sociology**
3. **textbooks** 4. secondary
5. primary 6. **Current issue**
7. **periodicals** 8. **back**
9. **overdue books** 10. 7 working days

Tapescript

Librarian: Good afternoon. Can I help you?

Student: Good afternoon. Yes, I've just transferred to the School of Education, and I'd like information about joining the library.

Librarian: Well, the School of Education has libraries on two sites, as I'm sure you know. This one here is the Fordham Site, and the other is on Castle Road.

Student: And is there any difference between the two libraries?

Librarian: Not in terms of their facilities. Access to online databases and the Internet is available at both sites and each site has a range of reference materials on education.

Student: Oh yes, I see.

Librarian: But the Castle Road site has books on the sociology of education and a collection of textbooks and teaching resources covering most of the subjects taught in secondary schools.

Student: Ah, right, but I'm training to be a primary teacher so I need to look at materials for the five to eleven age group.

Librarian: Then you've come to the right place. At Fordham we hold material relating to primary education, as well as special needs, but of course you'll need to familiarize yourself with both sites to make the most of our resources.

Student: You haven't mentioned periodicals. Are they held at both sites?

Librarian: Current issue, yes but if you want to look at back issues you'll need to use the CD-ROM database which are held here at Fordham.

Student: I see. Now, about borrowing books. I'm living out of town, so I'm hoping I can borrow quite a few items, and cut down on the number of trips I have to make.

Librarian: Right, well, members can borrow two books at a time from each site.

Student: Only two books?

Librarian: Only two from each site, but that's four altogether.

Student: Oh, I see, and how long can I hang on to them for?

Librarian: The borrowing period is one month, but of course books can be renewed. You can renew any item a maximum of three times.

Student:	Do I have to come to the library to do that?
Librarian:	No, you can do it by telephone or email, but you can't renew overdue books this way, only before or on the due dates stamped in the book. We'll need your full name, your borrower number and the name of the site library you borrowed the items from.
Student:	So theoretically I can borrow books for up to three months is that what you're saying?
Librarian:	Yes, provided they're not recalled.
Student:	So, What happens then?
Librarian:	Well, sometimes an item is requested by another borrower, in which case we'd send you a letter, and you'd have to return the book within seven working days. Don't forget we're closed on Sundays.
Student:	OK.

Section Three

1. That encyclopedia is in twenty volumes.
2. Candidates were forbidden to take the reference book to enter the examination room in last term.
3. Each card is headed by the author's name, the subject, or the title.
4. The current issue of Time magazine contains a report on original natives in Australia.
5. We use a questionnaire to survey teenage' attitudes to smoking.

Day 17

Group 1

1. domesticated	2. breed	3. hatch	4. nest
5. creep	6. pollen	7. leather	8. feather
9. mature	10. rare		

Group 2

11. food chain	12. habitat	13. life expectancy	14. resistance
15. nourish	16. spider	17. worm	18. mosquito
19. ape	20. dragonfly		

Group 3

21. zoology 22. entomology 23. insect
24. dangerous creatures 25. species 26. sheep
27. deer 28. elephant 29. camel 30. leopard

Group 4

31. puppy 32. squirrel 33. wolf 34. rabbit
35. gorilla 36. kangaroo 37. whale 38. dolphin
39. falcon 40. hawk

Group 5

41. ostrich 42. chick 43. chick 44. crocodile
45. ant 46. giraffe 47. lamb 48. cow
49. zebra 50. antilope

Day 18

Group 1

1. extinction 2. brink 3. deterioration 4. disastrous
5. eliminate 6. nasty 7. threaten 8. fatal disease
9. cancer-causing agent 10. soil erosion

Group 2

11. ecosystem 12. solar energy 13. radiation 14. atmosphere
15. oxygen 16. carbon dioxide 17. vegetation 18. marshland
19. grassland 20. tropical rain forest

Group 3

21. original forest 22. fertile 23. canal 24. basin
25. cataract 26. volcano 27. evaporate 28. surface water
29. tide 30. ocean currents

Group 4

31. firewood 32. charcoal 33. coal 34. fuel
35. nuclear 36. arctic region 37. contaminate 38. greenhouse
39. toxic gas 40. hydroelectric power

Group 5

41. acid rain 42. sewage 43. deforestation 44. exploitation
45. litter 46. garbage 47. sacrifice 48. victim
49. ozone layer 50. barren

Day 19

Group 1

1. reconstruct 2. restore 3. prioritize 4. descendant
5. preventive 6. legislation 7. civilized 8. convert
9. enforce 10. generation

Group 2

11. surveillance 12. fine 13. waste disposal 14. greenbelt
15. dam 16. sustainable development 17. reservoir
18. cooperation 19. penalty 20. financial incentive

Group 3

21. conservation 22. afforestation 23. conscious preserver
24. modernize 25. adjust 26. indispensable
27. sewage purification 28. filter
29. disposable product 30. environmentalism

Group 4

31. dump 32. classification 33. landfill site 34. organic fertilizer
35. decomposition 36. durable 37. cleanup 38. sanitary
39. biodegradable 40. alternative energy source

Group 5

41. recycling 42. reusable 43. utilize
44. raise the awareness 45. remedial measure
46. waste disposal 47. prioritize 48. mineral resource
49. natural resource 50. environmental impact

Review Day 17–19

Section One

Group 1

1. toxic gas 2. sewage 3. ozone layer 4. fertile
5. evaporate 6. ocean currents 7. oxygen 8. ecosystem
9. extinction 10. threaten

Group 2

11. recycling 12. utilize 13. prioritize 14. penalty
15. generation 16. civilized 17. descendant 18. carbon dioxide
19. tropical rain forest 20. volcano

Group 3

21. nuclear 22. firewood 23. arctic region 24. acid rain
25. sacrifice 26. victim 27. mature 28. rare
29. spider 30. habitat

Group 4

31. nourish 32. food chain 33. life expectancy 34. leopard
35. ostrich 36. lamb 37. crocodile 38. dolphin
39. whale 40. dangerous creatures

Group 5

41. resistance 42. feather 43. leather 44. exploitation
45. greenhouse 46. fuel 47. atmosphere 48. radiation
49. mineral resource 50. raise the awareness

Section Two

（粗体单词是前三天的学习中出现过的哦）

1. **kangaroo** 2. **rabbit** 3. **crocodile** 4. **ostrich**
5. beef 6. **feather** 7. ladies' fans 8. **hide**
9. **leather** 10. **biltong**

Tapescript

When you look at international restaurant menus and supermarkets they all tend to feature the same range of meats-beef, lamb, chicken, pork, that sort of thing. But people are always interested in something different and we're now finding that farming can bring new types of meat to our tables. The kangaroo is one animal that's now being farmed for its meat and eaten outside Australia, where it comes from. It looks and tastes rather like rabbit, though it's slightly darker in color, but it is rather tough, so that's a problem for some people. Crocodiles are also being farmed for their meat. This is rather like chicken, pale and tender, and it's getting quite fashionable. Some people also find it's rather fatty, but I think it makes a really tasty sandwich. Now a third type of meat becoming increasingly available, and the one that I think is by far the nicest of the three, is ostrich, which most people say has a similar taste and texture to beef. However, it's much better for you than beef, as we'll see later.

Most people think of ostriches as wild animals, but in fact ostriches have been farmed in South Africa since around 1860. At first they were produced for their feathers In Africa they were used for tribal ceremonial dress and they were also exported to Europe and America where they were made into ladies' fans and used for decorating hats. Later, feather fans and big, decorated hats went out of fashion but ostriches were still bred, this time for their hide. This can be treated to produce about half a square meter of leather—very delicate, fine stuff of very good quality. At the same time, some of the meat was used for biltong—the air-dried strips of meat popular in South Africa as a sort of fast food.

Section Three

1. This sort of recycling of waste materials is a way of reducing pollution.
2. Many species are on the verge of extinction because of our destruction of their natural habitat.
3. Oxygen and carbon combine to form carbon dioxide.
4. The kangaroo is a native of Australia.
5. Species have not been independently created, but had descended, like varieties, from other species.

Day 20

Group 1

1. ideology　　2. colony　　3. immigrant　　4. radical

5. terrorism 6. revenge 7. betray 8. conspiracy
9. release 10. embassy

Group 2

11. invest 12. surplus 13. deficit 14. tariff
15. recession 16. stability 17. prosperous 18. globalization
19. boom 20. political economy

Group 3

21. depression 22. inflation 23. devaluation 24. constitution
25. legislation 26. democracy 27. Congress 28. governor
29. Prime Minister 30. favorable balance

Group 4

31. federal system 32. institutional 33. alliance 34. veto
35. election 36. revolution 37. sue 38. welfare
39. patronage 40. negotiation

Group 5

41. association 42. Antarctica Treaty 43. military
44. imprisonment 45. league 46. collective economy
47. liberal 48. economist 49. economic trend
50. standard of living

Day 21

Group 1

1. virus 2. chatroom 3. creativity 4. radar
5. electronic commerce 6. automatic 7. activated
8. satellite 9. artificial intelligence 10. download

Group 2

11. manufacturing 12. industrial revolution 13. material flow
14. voltage 15. current 16. resistor 17. switch
18. plug 19. fuse 20. hydroelectric

Group 3

21. speed 22. assembly 23. battery 24. ration
25. replaceable 26. operator 27. handicraft 28. craftsman
29. sculpture 30. model

Group 4

31. fiber 32. statue 33. clay 34. pottery
35. high-tech 36. hardware 37. robot equipment 38. semiconductor
39. button 40. automated assembly line

Group 5

41. part 42. cell
43. mechanical device 44. systems engineering
45. radar buoy 46. transformer substation
47. clay figure 48. relief
49. handmade product 50. standard of living

Review Day 20–21

Section One

Group 1

1. virus 2. fiber 3. terrorism 4. ideology
5. colony 6. immigrant 7. prosperous 8. depression
9. federal system 10. association

Group 2

11. election 12. negotiation 13. military 14. revolution
15. alliance 16. democracy 17. surplus 18. invest
19. battery 20. handicraft

Group 3

21. operator 22. operator 23. current 24. manufacturing
25. hydroelectric 26. creativity 27. satellite 28. radar
29. activated 30. craftsman

Group 4

31. relief
32. globalization
33. constitution
34. governor
35. welfare
36. conspiracy
37. ration
38. material flow
39. robot equipment
40. semiconductor

Group 5

41. automatic
42. statue
43. cell
44. revenge
45. tariff
46. stability
47. recession
48. inflation
49. liberal
50. artificial intelligence

Section Two

（粗体单词是前三天的学习中出现过的哦）

1. **economy**
2. 651,000
3. **recession**
4. highest rate
5. statistics
6. **make their mortgage**
7. **took office**
8. **crisis**
9. we will get through this
10. **more prosperous**
11. moving forward
12. long-term economic challenges
13. 4 million homeowners
14. **Department of Treasury**
15. This plan is now at work

Section Three

1. This country imports many foreign manufactures.
2. China should take its place in the world in the field of high technology.
3. The rise of the city is intimately associated with the transition from handicraft to machine industry.
4. Democracy is based on good will and mutual understanding.
5. Globalization has brought market integration.

附录一：雅思听力人名地名汇总

常见人名

男名

Andy 安迪
Bill 比尔
Charles 查里斯
David 大卫
Gary 加里
George 乔治
Henry 亨利
Jack 杰克
Jim 吉姆
John 约翰
Jones 琼斯
Louis 路易斯
Mike 麦克
Nick 尼克
Peter 彼得
Richard 理查德
Robert 罗伯特
Roberts 罗伯茨
Roger 罗杰
Rogers 罗杰斯
Taylor 泰勒
Thomson 托马森
Tom 汤姆
Tony 托尼

女名

Ann 安
Betty 贝蒂
Elizabeth 伊丽莎白
Helen 海伦
Iris 爱丽丝
Jane 简
Jenny 詹妮
Jessie 杰西
Jill 吉尔
Lucy 露西
Liza 莉莎
Mary 玛丽
Maria 玛丽亚
Michelle 米歇尔
Susan 苏珊

常见城市及港口

Alexandria 亚历山大
Amsterdam 阿姆斯特丹
Auckland 奥克兰
Barcelona 巴塞罗纳
Berlin 柏林
Birmingham 伯明翰
Bombay 孟买
Brussels 布鲁塞尔
Cairo 开罗
Canberra 堪培拉
Chicago 芝加哥
Hong Kong 香港
Los Angeles 洛杉矶
Madrid 马德里
Melbourne 墨尔本
Moscow 莫斯科
New York 纽约
Osaka 大阪
Ottawa 渥太华
Paris 巴黎
Plymouth 普利茅斯
Queensland 昆士兰
Rome 罗马
Seattle 西雅图
Seoul 首尔
Sydney 悉尼
Tokyo 东京

Toronto 多伦多　　Victoria 维多利亚　　Washington D.C. 华盛顿
Vancouver 温哥华

国家	国籍
America	American
Australia	Australian
Britain	British
Canada	Canadian
China	Chinese
France	French
Germany	German
Greece	Greek
Holland/Netherlands	Dutch
Italy	Italian
Japan	Japanese
Korea	Korean
Mexico	Mexican
Portugal	Portuguese
Russia	Russian
Spain	Spanish
Switzerland	Swiss
Sweden	Swedish
Thailand	Thai

小贴士

在填写 Nationality 一栏中，需要填写带形容词性的单词。如国籍为中国，则应填写 Chinese 中国人，而不是 China。请同学们尤其区分德国 / 德国人，法国 / 法国人，西班牙 / 西班牙人。

地址数字

Fifth Avenue 第五大道
Sunset Boulevard 日落大道
Downing Street 唐宁街（英国首相官邸大街）
*注 Downing Street 为英国首相官邸大街
Wall Street 华尔街
Madison Avenue 纽约曼迪逊大街
Champs-Elysées Avenue 香榭丽舍大街
1600 Pennsylvania Avenue 白宫地址：1600 号宾夕法尼亚大道
Tian'anmen Square 天安门广场
telephone number 电话号码
fax number 传真号码
account number 账号
visa number 维萨卡号码
flight number 航班号
membership number 会员号
student number 学生号
passport number 护照号码
driver's license number 驾照号码
postcode 邮编
同 zip code 邮编

日期时间

day 天，白天，日子
today 今天
yesterday 昨天
tomorrow 明天
the day before yesterday 前天
the day after tomorrow 后天
daytime 日间

morning 早上，上午
noon 中午
afternoon 下午
evening 傍晚，晚上
night 傍晚
midnight 午夜

hour 小时

quarter 一刻钟

week 周，星期
fortnight 两周，十四天
month 月，月份
year 年，年份
decade 十年
minute 分钟
second 秒
moment 时刻

January/ Jan. 一月
February/ Feb. 二月
March/ Mar. 三月
April/ Apr. 四月
May 五月
June 六月
July 七月
August/ Aug. 八月
September/ Sept. 九月
October/ Oct. 十月
November/ Nov. 十一月
December/ Dec. 十二月

Sunday/ Sun. 周日
Monday/ Mon. 周一
Tuesday/ Tue. 周二
Wednesday/ Wed. 周三
Thursday/ Thur. 周四
Friday/ Fri. 周五
Saturday/ Sat. 周六

附录二：雅思机经重点版本词汇汇总

V300版本重点词汇

headphones
insurance companies
violent crime
poor area
bad eyesight
no allergy
non-medicine items
swimming pool
accommodation
information page
printed list
photocopy of article
various department
microfilm
deteriorate for age
rubbish
safe and reliable
scarce
air pollution
parcel
packed
contracts
bookshop
rebuilt
city council
story conference
planning meeting
videotape editor
reference
wildlife
blue sweater
black raincoat
summary
white board
read aloud
presentation skills
photo journalism
money loan
donation
unemployed
garden tools
bands broken
curtains
torn
videos
your seminar group
list of objectives
project outline
wide reading
clear argument
design research
theory chapters
checking list
biological
crocodile
public awareness
touring
exhibition
permit required
road map
first-aid kit
flash light
financial goals
money diary
fixed
optional
budgeting advice
West European
South Africa
Southeast Asian
online shopping
corporate loan
silver cloth
random
leisure
retired
reinforced
television drama
maid servant
environment damage
tourists
sample
measurement
soil

garage	weaker students	artistic
noisy	urban area	observation
bathroom	seeds	Alexandria City Council
senior manager	cab	foreign government
Education Officer	door-to-door	customer
statistics	reserve a seat	raw materials
end of term	domestic	workshop
tape recorder	sleeping pills	factory
texture	fruit juice	industrial material
emotion and mood	warm bath	range
mammals	smoking	textbooks
herbivorous	chemistry lab	media studies
jaws	professor	skill focus
tongue	laundry	methods
stings	recycling	objectives
self-defense	paddling pool	essays
convenient	coaches	vegetation
vegetable burger	public transport	underground
playground	quiz	depth
reservation	dangerous	fear
two adults	lifestyles	hurt
safety regulation	Spain	attacks
container	France	migration patterns
material	virtual learning	natural
images	administrators	drawer
advertisement	business and science	garage
broader	accountants	immune system
exam reparation	engineers	decoration
cartoons	clever	quality
approach	loyal	harbor
matching	fitness centre	local artists
classifying	application	warehouse
lectures	scientific	rubber blanket

cut
folded
paper jams
railway tracks
publishing
kettle
Finance Office
attitude
attachment
data analysis
insects
dust
heat
intermediate
technical
zoology
part-time diploma
in advance
microbiology
tutorials
fieldwork
lab
discussion
juniors
young teenagers
outstanding
editor
identification
index
water pipes
native
chewing gum
swimming pool
lovely garden
no charge
soft drink manufacturing
astronomy
enthusiasm
less effort
smoother
chain
uncomfortable
rubber
downhill
speed
back wheel
leather
note book
calm
politics
risk
conferences
joke
social skills
shame
special offers
credit card
online games
parents
scores
productivity
entertainment
fridge
church
bus stop
alarming system
special route
high energy snacks
previous study
lack of restrictions
metal and leather
dock
property
sense
castle
sport equipment
journals
typed
worksheets
Classical History
compulsory
classification
origins
oral
food intake
eating pattern
at random
wide range of food

V07版本重点词汇

reporter
housing
researcher
website
colleague
collect food
injured animals
education visitor
native
senior staff
application form
life science undergraduate
ship
presentation
monitor
action plan
energy
internet
alarm system
reading material
washing facilities
certain time
socks
total block
piano
guitar
drum
concert
gold stars
cakes
salads
parent
stretching
mat
levels
toilet
rare trees
geese
swan
gallery
woodland
gift shop
garage
kitchen
heater
supermarket
petrol
hot meal
poster
clubs
Head Office
Music Room
Gym
Town Hall
variety
plane
mid-range
tourism
good value
computer programmer
president
transport
traditional
central heating
village
Park Square
combination
strict controls
skills
refund
advance insurance company
results
boring
workload
higher fees
man-made dams
agricultural
domestic
industrial
disposal
filter
chemicals
tested
vacancy reporter
creativity
flexible
mission statement
calling barrier
telephone the employer
vocational courses
interview questions
department head
dress coat

statistics
evaluation
primary school
information sector
attachments
literature
low-nutrition
recommend by neighbor
sculpture
wood carving
oil painting

V08版本重点词汇

reports
electronic card
52 Green Street
West Lake
Driving license
withdraw
donkeys
apples
tomatoes
color
locate food
warning
urban
radar
speed
creation
living room
bathroom
kitchen washing machine
wash basin
lamp
dining room and evening meals
classroom tour
strength
academic
networker
plan holidays
evidence
bank statements
calculation
storage space
mistake
website
in class stimulation
presenting result
behavior
diaries
video recording
interviews
salts
hospitals
slow
liter
germs
water tank
joint
reference number
decades
philosophers
accountable
translated
Private Property
corrupt
morale
public transport
uncomfortable
freedom
car taxes
government
relationships
polluted
lanes
advertisements
scientist
manufacture
evolution
reproduce
complex
insects
feeding
lab
wings
reliable
market
useless
crime

photographs
typed
layout
skill
contact number
services
catering services
steel
double-grill
shelf
select
forest
traditional
traffic
buried
bones
foot prints
mineral
rest area
artificial
permit
boat
short lecture
slide presentation
group discussion
environment
petrol
battery
store
engine
tide
hearing
plants, animals

feeding
loud noises
network
moderate
fish
seafood
waterfall
elevator
at risk
traffic flow
rush
random
cost effective
Australian
nuts
lake
picnic
Art Gallery
Concert Hall
spare
shade
stress level
flooding
rural
climate
garage
smoke alarm
replacement
tutor
expert
lecturer
6 Beach Road
Wheelchair

cheque
rare fish
coral roof
rock pool
silver
police
performance
purpose
relevant
outline
draft
context
promotion
application form
self-employment
economical
camel
profit
climate
desert
seasonal
Olive oil
goatskin
palm
square
slave
herb
bargain
printer
outstanding
challenge
maturity
perfume

wealth
exploration
mood
toothache
smell
transport
income
theoretical approach
lecture
vocabulary
grammar
background
personality
self-centered
laboratories
standard
range
conservation
local community
sports equipments
engine
commercial
purpose
roll over
insurance
certain altitude
workforce
primary school
academic director
common room
reception

V09版本重点词汇

demonstration
hardware
camera
comics
Politian
arrangement
self-access lab
text structure
feedback
compulsory
secretary
administration
class representative
released
cliff
transport
Scotland
candle
Environment Agency
tools
carpet
trade
description
booklet
canteen
airport
strategies
outcomes
freezer
café
theatre foyer
wildlife
nursery
self-evaluation
postal survey
decision-making
term
studio